성서사십주간

# 성경 읽기 안내 신약

| 편집 | 책임편집 | 최안나, 영원한도움 성서연구소 소장 |
|---|---|---|
| | 편집 | 영원한도움 성서연구소 |

**말씀 봉사자**

조화선, 김경랑, 김승희, 김종옥, 배미향, 배조자, 백복현, 서효경, 윤미자, 이송자, 이용결, 이우식, 이정순, 이호선, 임승희, 장명희, 전배경, 전재열, 정윤희, 한소춘

**기 타**

성서연구소 전임 연구원 - 곽해순, 권영랑 / 김미령
표지 - 김보람 / 본문 편집 디자인 - 배준희

성서사십주간

# 성경 읽기 안내 신약

성서와함께

일러두기

1. 이 책에서 인용하는 성경 본문은 가톨릭 공용 《성경》입니다.
   
2. 성경 이름은 《성경》의 약어에 따라 첫 두 글자로 줄여 씁니다.
   마태오 복음서 → 마태,　코린토 신자들에게 보낸 첫째 서간 → 1코린,　요한의 묵시록 → 묵시
3. 성경 구절의 표기는 《성경》에 따라 아래와 같이 적습니다.
   마태오 복음서 1장 1절　→ 마태 1,1
   마태오 복음서 1장 1절에서 5절까지　→ 마태 1,1-5
   마태오 복음서 1장 1절과 5절　→ 마태 1,1.5
   마태오 복음서 1장 1절과 2장 1절　→ 마태 1,1; 2,1
   마태오 복음서 1장 1절과 사도행전 1장 1절　→ 마태 1,1; 사도 1,1

# 성서사십주간《성경 읽기 안내》를 펴내면서

1981년《성서사십주간》이 처음 발간되고, 가톨릭성서모임을 통해 성경 읽기 운동이 널리 확산되었습니다. 하느님 말씀의 씨앗은 계속 뿌려지며, 이제 한국 교회에는 성경 말씀을 안내하는 체계가 더욱 풍요로워졌고 다양한 주석서와 유익한 안내서가 많이 소개되고 있습니다. 또한 성경 연구와 주석의 내용에도 많은 진전이 있었습니다. 이에《성서사십주간》도 새롭게 펴낼 필요성을 인식하여 개정 작업에 착수하였습니다.

> * 완전히 개정되는 (전정판)《성서사십주간》은 성경 읽기 안내 1-3권, 오경, 역사서, 시서와 지혜서, 예언서, 그리고 복음서와 서간편, 마지막으로 지도(별책)로 구성되어 있습니다.
>
> * 《성경 읽기 안내》는 아주 쉽게 성경 전체를 한 번 읽으며 공부하는 초급 단계를 안내하는 자료이고, 세분화된《오경》이하 안내서는 좀 더 전문적인 내용을 담고 심화된 성경 공부를 소개합니다. 그동안《오경》,《역사서》,《시서와 지혜서》,《성경 읽기 안내》구약 1-2권을 내놓았고 이제《성경 읽기 안내》3권: 신약편을 출간하게 되었습니다.

《성경 읽기 안내》는 평화방송 'TV 성서사십주간' 강의에 근간을 두고 있습니다. 그것을 안내서 내용의 수준을 가늠하는 잣대로 삼았고, 무엇보다 말씀의 봉사자들이 방송에 출연한 복음적 지향이 귀해서 그 자료를 기초로 삼았습니다.

> 말씀의 봉사자는 성경 말씀에 매료된 이들입니다. 성경을 통해 하느님을 만나고, 성경 안에서 기쁨과 생명을 발견하고 새로 나는 환희의 눈물을 흘린 이들입니다. 본디 자격을 갖춘 것도 아니고, 전문적으로 배운 것도 없고, 주님 외에는 내세울 것도 없지만 말씀을 통해 받은 은혜는 나눌 수 있겠다고 말하는 이들입니다. 예수님을 만난 이들이 예수님을 전하며 사람들을 예수님에게 이끌 듯, 그렇게 말씀을 만난 감격을 전하며 사람들을 말씀으로 인도하는 이들입니다.

《성경 읽기 안내》는 성경에 대한 것을 소개하지 않고 무엇보다 먼저 '성경 말씀 자체'를 펼치고 읽도록 안내합니다. 말씀과 깊이 만나시기를 기도합니다.

이 책이 나오기까지 배려하고 도와주신 모든 분과 특별히 말씀의 봉사를 해 오신 모든 분께 감사를 드립니다.

2007년 7월에
최안나 수녀

# 성서사십주간이란

## 방법과 순서

성서사십주간은

신·구약 성경을 40주간 내에 읽을 수 있도록 매일 분량을 제시하고 짧은 해설과 함께 성경의 중요한 내용을 알려 줍니다. 이러한 방법으로 성경을 읽는 동안 우리는 성경 전체의 흐름을 파악하게 되며, 하느님의 말씀이 인류 역사를 통해서 어떻게 이루어지는가를 알게 됩니다.

이스라엘 백성은 40년 동안 광야에서 생활하면서 하느님을 체험하였고, 예수님께서는 공생활 전에 광야에서 40일간 기도하셨습니다. 새로운 이스라엘 백성인 우리도 40주간 동안 성경을 읽으면서 지금 우리 각자에게 말씀하시는 하느님을 만나게 될 것입니다.

신·구약 성경을 40주간 내에 통독하기 위해서는
매일 제시된 분량을 충실히 읽어야 합니다.

40주간 동안 계속하여 성경을 읽는다는 것은 결코 쉬운 일이 아닙니다. 그러나 구원의 말씀과 직접 만나려는 뜻을 가지면, 그날그날 성경 말씀에 맛 들이게 되면서 성경 읽는 시간이 즐거워질 것입니다. 그리스도인에게 성경을 읽는 시간은 기도 드리는 시간과 마찬가지로 영혼의 양식을 얻는 데 꼭 필요한 시간입니다.

우리는 성경을 대충 골라 읽을 것이 아니라 첫 말씀부터 끝 말씀까지 전체를 읽어야 합니다. 우리는 대체로 미사 전례 때 낭독되는 성경 말씀에는 익숙하지만 다른 부분에 대해서는 잘 알지 못합니다. 그러나 우리가 신앙생활의 근원이 되는 성경을 이해하기 위해서는 그 외의 말씀도 읽어야 합니다. 또한 신약성경이 구약성경을 배경으로 한 만큼, 신약성경의 메시지를 깊이 알아듣기 위해서는 구약성경을 읽어야 합니다.

중심이 되는 것은 성경입니다.

이 안내서는 성경 본문을 이해하고 맛들이면서 읽을 수 있도록 도와주는 역할을 할 뿐입니다. 그러므로 이 책에 제시된 부분을 성경과 함께 읽어 가야지, 본 안내서에만 의존하려 든다면 별다른 효과를 얻을 수 없을 것입니다. 이 책은 간추린 성경도 아니며, 성경 해설서나 참고서도 아닙니다. 무엇보다도 중요한 것은 성경 본문을 읽으면서 하느님께서 계시해 주시는 바와 흐름을 파악하며 자신의 신앙을 키워 나가는 일입니다. 성경을 충실히 읽는 신자는 구원의 역사와 하느님의 말씀을 이해하고 성경 읽기를 즐기게 되며, 미사성제의 의미도 한층 깊이 깨닫고 혼자서도 친밀하게 기도할 수 있게 될 것입니다.

## 살아 계시는 생명의 말씀

"한처음에 하느님께서 하늘과 땅을 창조하셨다.
땅은 아직 꼴을 갖추지 못하고 비어 있었는데,
어둠이 심연을 덮고 하느님의 영이 그 물 위를 감돌고 있었다.
하느님께서 말씀하시기를 '빛이 생겨라' 하시자 빛이 생겼다.
하느님께서 보시니 그 빛이 좋았다.
하느님께서 보시니 손수 만드신 모든 것이 참 좋았다"(창세 1,1-4.31).

### 참가자는 매주 한 번 모입니다.

본 안내서는 창세기의 6일 창조 성업을 본떠서 첫째 날에 시작하여 여섯째 날에 마치고, 일곱째 날에 모임을 갖는 7일 주기로 구성되어 있습니다. 일곱째 날은 지난 한 주간 동안 개별적으로 읽은 성경을 교회 공동체 안에서 함께 나누며 기도하고 강의를 들음으로써 우리 신앙생활에 도움을 받는 날입니다. 이 날이 반드시 주일이어야 할 필요는 없습니다.

### 일곱째 날 모임에서는 한 주간 동안 성경을 읽으며 체험한 느낌을 나눕니다.

자신이 성경을 읽으며 깊이 느낀 점이나 생활에 변화를 가져온 구절을 이야기합니다. 이러한 대화는 순수한 나눔이므로 비판이나 평가는 삼가야 합니다. 매주 자신의 느낌을 솔직하게 이야기하는 것은 쉬운 일이 아닙니다. 그러나 서로의 나눔을 통해서 성령의 작용과 풍요로움을 체험하게 되며, 더욱 진지한 마음으로 성경을 읽게 됩니다.

### 기도는 혼자 성경을 읽을 때나 일곱째 날 모임에서나 빼놓을 수 없는 중요한 요소입니다.

기도는 하느님의 말씀에 응답하는 소중한 체험이므로, 제2차 바티칸 공의회의 계시헌장(25항)에서는 다음과 같이 가르치고 있습니다. "성서를 읽을 때는 하느님과 인간의 대화가 이루어지도록 기도가 따라야 함을 명심하여야 한다. 왜냐하면 '우리가 기도할 때에는 하느님께 말씀드리는 것이고, 우리가 하느님의 말씀을 읽을 때에는 그분의 말씀을 듣는 것'이기 때문이다."

## 매일 성경 읽기 순서

1. 성령께 마음을 열어 주시도록 기도합니다.
2. 성경 본문을 한 줄도 빠뜨리지 않고 차근차근 읽습니다.
3. 안내서의 해설을 읽어가면서 주요한 장절을 익힙니다.
4. 자신의 생활을 성경 말씀에 비추어 반성하며 묵상합니다.
5. 그날 읽은 성경에서 감동받은 구절이나 느낌을 3-4줄 정도로 노트에 적습니다.
6. 제시된 시편과 해당 성경 구절로 기도하거나 또는 자유 기도를 바칩니다.

## 일곱째 날 모임 순서

1. 정해진 시간과 장소에 늦지 않게 모입니다.
2. 성가를 부르며 마음을 준비하고 간단한 시작 기도를 바칩니다.
3. 읽은 성경 중에서 몇 구절을 봉독합니다.
4. 한 주간 동안 읽은 부분에 대한 첫 강의를 듣습니다(45분).
5. 잠시 쉬면서 그룹별로 둘러 앉아 한 주간 동안 성경을 읽으며 느낀 점을 나눕니다(30분).
6. 서로 나눈 말씀과 느낌을 바탕으로 자유 기도를 바치고 마칩니다.
7. 둘째 강의를 듣습니다(50분).
8. 간단한 기도나 성가로 모임을 모두 마칩니다.
9. 사제가 있는 경우에는 강복을 청하여 받습니다.

일곱째 날 모임은 2시간 30분 이내에 끝내야 합니다.

이 책의 순서에 따라 가능하면 40주간 내에 성경을 완독하는 것이 가장 좋습니다. 형편에 따라 단축 또는 연장할 수 있으나 쉬는 시간이 짧아야 좋습니다.

말씀에는 응답이 따라야 합니다. 우리는 읽은 것을 묵상하고 기도하며 우리의 신앙을 고백해야 합니다. 또한 말씀에 순종하면서 우리의 생활로써 응답해야 합니다.

## 약 속

성서사십주간을 시작하는 나는
기도하며 미사에 능동적으로 참여한다.
매일 해당 성경을 정한 시간에 충실히 읽는다.
일곱째 날 모임에 지각이나 결석을 하지 않는다.

우주의 주재자 예수 그리스도를 둘러싼 네 명의 대예언자(제일 윗단의 에제키엘과 다니엘, 제일 아랫단의 이사야와 예레미야)와 복음사가들(둘째 단의 마태오와 요한, 셋째 단의 마르코와 루카), 1030년경, 복음서 세밀화, 대교구좌 도서관, 쾰른.

# 신약성경 전체 보기

# 1. 구약과 신약의 건널목 - 시대적 배경

구약성경 역사서의 마지막 권에 해당하는 마카베오기의 배경이 되는 시대부터 세례자 요한의 탄생 전까지의 기간은 신약성경을 이해하는 데 대단히 중요한 시기입니다. 당시 팔레스티나 상황을 이해하려면 헬레니즘, 로마제국, 유다이즘에 대해 알 필요가 있습니다.

① **헬레니즘:** 기원전 332년에 마케도니아의 알렉산드로스 대왕이 광대한 제국을 형성한 후 제국 안에서 생성된 문화를 가리킵니다. 그리스(헬라) 문화를 바탕으로 근동 문화가 융합된 헬레니즘 문화는 지중해 세계와 근동 일대의 지배 문화로 큰 영향을 미쳤습니다. 신약성경은 이 시기의 지배 언어였던 '코이네 그리스어'로 쓰여 헬레니즘 지역의 수많은 민족들에게 쉽게 다가갈 수 있었습니다.

② **로마제국:** 기원 전후 시기에 로마가 지중해 세계를 점령합니다. 로마제국은 헬레니즘 문화를 이어받아 그리스-로마 문화를 이룹니다. 로마제국에 편입된 유다인들은 카이사르에 적극 협조하여 로마제국 내에서 일정한 특권을 인정받고 널리 퍼져 나갔습니다. 그들을 통해 초기 그리스도교가 쉽게 전파되었습니다.

③ **유다이즘:** 기원전 6세기 바빌론 유배 이후부터 성전과 율법을 중심으로 유다인의 삶을 통합하는 유다이즘이 싹텄습니다. 유다이즘은 계속되는 이방 제국의 지배와 헬레니즘 등 이방 문화의 위협 속에서 유다인들의 정체성을 확인하고 하나로 묶어 주는 큰 역할을 했습니다. 그러나 그 폭이 넓었고 그 안에 여러 분파가 존재하였습니다.

메그라(촛대),
로마의 유다인 석관 부조.

이러한 토대 위에 사도들의 부활 체험과 성령에 의해 새로운 교회가 탄생하면서 신약성경이 태동되었습니다. 하느님과의 친교, 부활에 대한 희망과 구원의 보증에 관한 사도들의 증언은 수준 높은 헬레니즘 문화와 부딪치며 막강한 로마제국의 바닥에 스며 갔습니다. 신약성경은 초기 그리스도인들이 목숨을 내놓으며 선포한 증언이자 그들의 신앙을 성장시키고 지켜 준 원천입니다.

## 2. 신약성경의 기원과 이름

예수님과 사도들은 모두 유다인이었습니다. 예수님의 죽음과 부활, 성령강림을 통해 교회 공동체가 생겨났지만, 초기 신자들이 듣고 보던 성경은 후에 구약성경으로 불리는 히브리 성경 또는 그것을 그리스어로 옮긴 칠십인역 성경이었습니다. 사도들은 히브리 성경의 모든 예언이 예수 그리스도 안에서 성취되었음을 깨닫고, 구약성경 및 예수님의 '말씀'과 행적을 부활의 빛 속에서 새롭게 이해하였습니다. 그들은 그것을 '복음'이라고 선포하며 예배와 여러 모임에서 입으로 전했습니다. 사도들의 증언과 가르침은 부활 사건 후 20년이 지난 50년경부터 서간과 여러 형태로 기록되기 시작하였습니다.

초기 그리스도교는 유다교의 여러 분파 가운데 하나로 간주되었습니다. 그러나 제1차 유다 독립 항쟁(66-70)으로 예루살렘 성전이 파괴된 뒤 바리사이파 라삐들이 유다교를 재건하였습니다. 그들은 자기네 믿음의 원천과 규범을 확실히 밝히려고, 전통적으로 '거룩한 책'이라 일컬어 온 문서 가운데 일부를 '정경(canon)'으로 결정하였습니다. 그러면서 예수님을 메시아라 고백하는 그리스도교를 쫓아냈습니다.

이러한 큰 위기 속에서 성장한 그리스도교는 자기들의 정체성과 믿음을 확실히 밝히는 바오로의 서간과 복음서, 기타 문서도 성령의 영감으로 이루어졌다고 깨닫고 그것 역시 '성경'으로 간주하게 되었습니다. "율법은 모세를 통하여 주어졌지만 은총과 진리는 예수 그리스도를 통하여 왔다"(요한 1,17)고 확신하였던 것입니다. 그러면서 자신들이 처음부터 받아들였던 히브리 성경(칠십인역 성경)을 옛 계약(舊約)의 경전('구약성경'), 그리스도교의 경전을 새 계약(新約)의 경전('신약성경')으로 구분하였습니다. 하지만 신약은 구약 안에 숨겨져 있고 구약은 신약 안에서 밝혀진다는 성 아우구스티노의 말처럼, 두 성경을 하나의 말씀으로 받아들였습니다.

## 3. 신약성경의 결정 과정과 분류

그리스도를 상징하는 십자가와 물고기, 3세기, 도미틸라 카타콤바, 로마.

### 1) 신약성경의 결정 과정

초대 그리스도교에서 신앙과 관련하여 기술한 문서는 무척 많으며, 주요 문학 유형별로 보면 다음과 같습니다.

- **+ 복음서** (마태오·마르코·루카·요한·야고보 원복음·토마스·니코데모·베드로 복음서 등)
- **+ 행전** (사도·안드레아·토마스·베드로·요한·필립보 행전 등)
- **+ 서간** (라오디케이아인들에게 보낸 편지 등)
- **+ 묵시록** (토마스·야고보 묵시록 등)

그런데 이렇게 다양하다 보니 각 지역 교회마다 전례에 사용하고 규범으로 삼는 경전의 종류가 조금씩 달랐습니다. 2세기 중반에 로마교회의 신도였던 마르키온은 유다교 성격을 완전히 없앤 문서만이 그리스도교의 경전이 될 수 있다고 주장하며, 자기 나름대로 경전 목록을 만들었습니다. 또 영지주의자들도 나름의 경전 목록을 만들어 자기네 주장을 옹호하였습니다.

이러한 혼란과 분열을 극복하기 위해 각 지역마다 공의회를 열어 성경 목록을 확정하게 되었습니다. 마침내 성 아타나시오 주교가 현재와 같은 27권의 신약성경 목록을 주창하였고(367년), 성 예로니모 역시 불가타 성경에 27권의 신약성경을 실었습니다(397년경). 이러한 노력으로 4세기 말엽에 전체 그리스도교가 신약성경 27권을 확정하였습니다. 정경 선택의 기준은 영감성(성령의 영감을 받았는가), 사도 전래성(사도들에게서 전해 오는가), 보편성(전체 교회가 사용하고 인정하는가)이었습니다.

## 2) 신약성경의 분류

초대 그리스도교에서 생성된 신앙 문서 가운데 27권만 정경으로 선택되었습니다(나머지는 외경).

### (1) 복음서(마태오 복음서 등 4권)

예수 그리스도의 수난과 죽음과 부활을 중심으로 하여 주님의 말씀과 행적을 서술하고, 교회와 그리스도인의 삶의 자세를 비춰 줍니다.

### (2) 사도행전(1권)

사도들이 예루살렘부터 사마리아와 온 유다 지역과 로마에 이르기까지 행한 선교 활동의 주요 사건을 기록한 것입니다.

### (3) 서간(21권: 바오로 서간 14권+기타 서간 7권)

그리스도인으로서 새롭게 살아가며 일상생활에서 부딪치는 현실 문제에 관한 지침과 구체적 생활 규범을 제시하고 있습니다. 서간의 발신인은 사도 바오로와 사도 이름을 내세운 공동체의 지도자들이며, 개인에게 보낸 경우도 있으나 대부분 지역 교회 공동체가 수신인입니다.

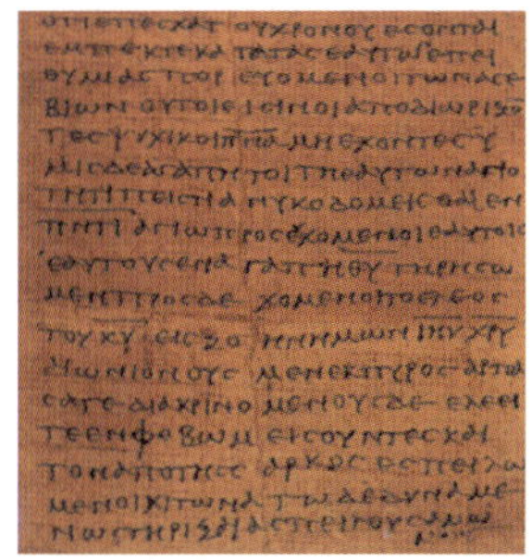

보드머 파피루스 사본, P72, 유다 18-24절, 4세기, 보드머 도서관, 콜로니.

### (4) 요한 묵시록(1권)

박해 상황에서 그리스도인을 위로하고 격려하며 용기를 주기 위해 묵시문학 유형으로 기록되었습니다.

## 4. 신약성경의 언어

하느님의 말씀은 유한한 인간의 언어에 담겨 전해졌습니다. 구약성경이 히브리어와 아람어로 쓰인 반면, 신약성경 27권은 헬레니즘 시대에 만들어진 '코이네 그리스어'로 쓰였습니다. 저자가 직접 썼거나 구술하여 쓰게 한 원문은 분실되고 수사본手寫本들만 전해지고 있습니다. 원문을 몇 번이고 다시 베껴 쓴 수사본 중 그리스어로 된 것만도 5천여 종이 있습니다

# 5. 신약성경 시대의 통치자

| | 유다(임금·총독)/ 대사제 | 갈릴래아 | 로마 황제 |
|---|---|---|---|
| 기원전 10 | 임금 헤로데 | | 아우구스투스 (기원전 31-기원후 14) |
| 4 | 아르켈라오스 | 헤로데 안티파스 (기원전 4-기원후 39) | |
| 기원후 6 | 총독 코포니우스/한나스 | | |
| 9 | 암비비우스 | | |
| 12 | 루푸스 | | |
| 15 | 그라투스/카야파(18) | | 티베리우스(14-37) |
| 26 | 빌라도/카야파(-36) | | |
| 36 | 마르셀루스/요나탄 | | |
| 37 | 임금 헤로데 아그리파스 1세 | 헤로데 아그리파스 2세 (39-66) | 칼리굴라(37-41) |
| 44 | 총독 파두스/테오필로 | | 클라우디우스(41-54) |
| 46 | 알렉산드로스 | | |
| 48 | 쿠마누스/아나니아스 | | |
| 52 | 펠릭스 | | 네로(54-68) |
| 60 | 알비누스 | | |
| 62 | 플로루스/한나스 2세 | | |
| 64 | | | |
| 66 | 유다 1차 독립 항쟁(66-70) | | |
| 68 | | | 갈바 등(68-69) |
| 70 | | | 베스파시아누스(69-79) |
| 80 | | | 티투스(79-81) |
| 90 | | | 도미티아누스(81-96) |

빌라도 총독 이름이 새겨진 비석(부분), 카이사리아.

# 복음서 전체 보기

# 1. 복음서의 이름

'복된 소식'을 뜻하는 복음福音은 그리스어 '에우앙겔리온(εὐαγγέλιον)'을 옮긴 말입니다. 에우앙겔리온은 1세기 로마에서 기쁜 소식, 특히 승전이나 황제 즉위, 황태자 탄생같이 왕권과 관련하여 백성에게 선포되는 좋은 소식을 뜻하였습니다. 그런데 그리스도교에서는 하느님께서 임금으로 오시어 다스리는 하느님 나라의 도래, 그것을 알리고 가르치며 당신의 삶과 죽음, 부활로 이 세상에 구현하신 예수님의 말씀과 삶 전체를 진정한 '복음'으로 이해하였습니다. 복음사가 마르코가 예수님의 말씀과 삶을 기술하고 이를 '복음'이라 부른 후, 그러한 내용을 담은 책은 모두 '복음서'로 불렸습니다.

# 2. 공관 복음서의 형성

신약성경에는 복음서란 이름으로 네 권의 책이 실려 있습니다. 그 가운데 세 권은 내용과 관점이 비슷하여, 이를 공관共觀(그리스어 *synopsis*: '같이 본다'는 뜻) 복음서라 부릅니다.

<table>
<tr><th>복음서</th><th>총구절수</th><th>전체 공통 구절수</th><th>고유 구절수</th><th colspan="3">두 복음서의 공통 구절수</th></tr>
<tr><td>마태오</td><td>1,068</td><td rowspan="3">330</td><td>330</td><td rowspan="2">178</td><td>230</td><td></td></tr>
<tr><td>마르코</td><td>661</td><td>53</td><td></td><td rowspan="2">100</td></tr>
<tr><td>루카</td><td>1,160</td><td>500</td><td></td><td>230</td></tr>
</table>

여기에서 보듯 세 복음서의 공통 부분을 볼 때 서로 깊은 영향을 주고받은 것은 분명합니다. 그렇지만 공통된 부분이 어디에서 왔는지, 어느 것이 우선인지에 대해 많은 논란이 있습니다.

예수님의 말씀이나 그분이 행하신 기적 등은 이미 그분이 활동하던 당시부터 토막 이야기 형태로 유포되고 있었습니다. 사도들의 복음 선포로 그리스도교가 세워지고, 신자들은 주일마다 모여 예수님의 말씀과 삶에 관해 듣고 나누었습니다. 그러면서 점차 구전되던 내용이 비슷한 성격끼리 모였으리라 추정합니다. 그리고 그중의 일부는 아마도 기록되었으리라 여겨집니다. 이러한 구전과 기록이 복음서를 형성하는 원천 자료가 되었습니다. 그중 하나로 학

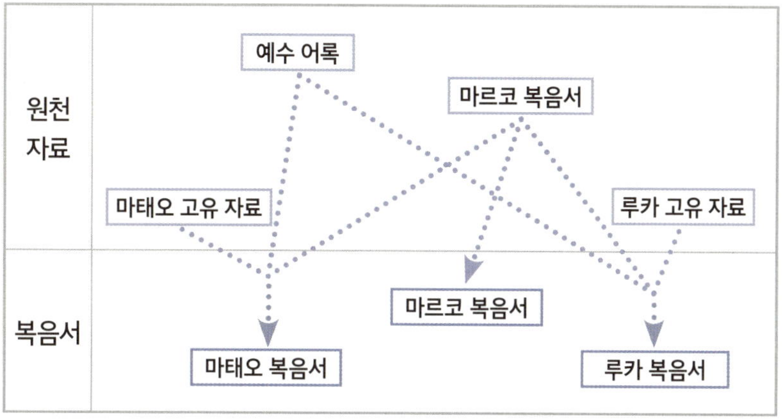


자들은 예수님의 말씀만을 모은 〈예수 어록〉(약어 Q: 독일어로 '원천'이란 뜻의 Quelle)이 50년대에 형성되었으리라고 추정합니다. 이 자료는 마태오 복음서와 루카 복음서의 공통 부분에서 유추한 것입니다.

복음서는 대부분 기원후 1세기 후반에 기록되었습니다. 오늘날 학자들은 마르코 복음서가 가장 먼저 쓰였다고 봅니다(70년경). 그리고 마르코 복음서와 예수 어록, 그리고 나름대로 수집한 고유 자료를 바탕으로 80-90년경에 마태오 복음서와 루카 복음서가 각각 쓰였다고 보고 있습니다. 요한 복음서는 이 세 복음서와 다른 독립된 원천 전승에서 유래하였다고 봅니다.

## 3. 네 복음서의 요약

| | 마르코 | 마태오 | 루카 | 요한 |
|---|---|---|---|---|
| 저술 연대 | 70년경 | 80년대 | 80년대 | 90-100년경 |
| 주된 독자 | 로마계 이방인 | 유다인 | 그리스계 이방인 | 모든 이방인 |
| 예수님의 핵심 호칭 | 하느님의 아들 | 그리스도(메시아) | 주님, 구원자 | 하느님의 말씀 |
| 복음사가의 상징 | 사자 | 사람(또는 천사) | 황소 | 독수리 |

# 4. 복음서의 주요 무대인 갈릴래아

## 예수님 시대의 통치 영역

- 갈릴래아(헤로데 안티파스)
- 데카폴리스(시리아 로마 총독)
- 사마리아(유다 로마 총독)
- 가울라니티스(헤로데 필리포스)
- 페니키아(시리아 로마 총독)

## 복음서에 나오는 지명

갈릴래아 호수: 마르 1,16-20
게르게사(게라사): 마르 5,1-20
겐네사렛: 마르 7,53
나인: 루카 7,11-17
나자렛: 루카 1,26-31; 4,16-30
데카폴리스: 마르 5,20; 8,31
막달라: 루카 8,2
벳사이다: 마태 11,21; 마르 6,41-44
카나: 요한 2,1-11
카이사리아 필리피: 마태 16,13
카파르나움: 마르 1,21-34
코라진: 마태 11,21
타보르산: 마태 17,1 참조
데카폴리스: 마르 5,20; 8,31
티로: 마르 7,24-30
티베리아스: 요한 6,23
티베리아스 호수: 요한 6,1

# 마태오 복음서

## 27주간

제1일: 마태 1,1-4,25
(시편 119,1-2)

제2일: 마태 5,1-7,29
(시편 33,1-22)

제3일: 마태 8,1-12,50
(시편 118,14-17)

제4일: 마태 13,1-16,28
(시편 28,6-9)

제5일: 마태 17,1-20,34
(시편 65,1-6)

제6일: 마태 21,1-24,51
(시편 141,1-4)

## 28주간

제1일: 마태 25,1-28,20
(시편 46,1-12)

# 1. 입문

## 1) 책의 이름

그리스어 성경 이름

라틴어 성경 이름

마태오 복음서는 신약성경에서 첫 번째 자리에 나옵니다. 복음서들은 처음에 이름 없이 회람되었는데, 교회 전승에 따라 2세기 중반에 '마태오에 의한'이란 그리스어 성경 이름이 붙었습니다.

라틴어 성경 이름은 '마태오에 의한 예수 그리스도의 거룩한 복음'이지만, 흔히 '마태오 복음서'라고 부릅니다. 총 28장이며 복음서 중에서 두 번째로 분량이 많습니다.

성 마태오(등 뒤의 인물은 지혜이다), 1429년, 세르비아 제작, 라도슬라프 복음서 세밀화, 러시아 국립도서관, 상트 페테르부르크.

## 2) 저자

히에라폴리스의 주교 파피아스(60-130년경)와 프랑스 리옹의 주교 이레네오(130-200년경)의 증언으로, 전통적으로 열두 제자 가운데 하나인 마태오가 아람어로 복음서를 썼다고 믿어 왔습니다.

그러나 오늘날에는 임마누엘, 골고타 등의 히브리어와 아람어를 번역해 놓는가 하면 유다교의 계율과 관습에 정통한 것으로 보아, 어느 유다계 그리스도인이 직접 그리스어로 집필한 것으로 봅니다. 다만 교회 전승에 따라 그의 이름을 '마태오'라 부릅니다.

## 3) 저술 장소 및 연대

이스라엘에 인접해 있는 시리아 지방에서 저술되었으리라 봅니다. 시리아 지방에서 '열두 사도의 가르침'이 100년경에 생겨났고 안티오키아 주교 이냐시오가 마태오 복음서를 인용한 사실로 미루어 보아, 이 복음서도 시리아 지방에서 그리스어를 사용하는 유다계 그리스도인들과 이방인들이 공존하는 혼성 교회 성원들을 대상으로 저술되었을 가능성이 큽니다. 저술 연대로 보통 80-90년이 거론됩니다.

## 4) 구조

예수 탄생 이야기 (1-2장) – 예수님의 활동 준비기 (3,1-4,11) – 갈릴래아 활동기 (4,12-18,35) – 예루살렘 상경기 (19-20장) – 예루살렘 활동기 (21-28장)

## 5) 복음서 구성의 특색

마태오는 마르코 복음서의 구조를 대체로 따르면서, 예수 어록과 나름대로 수집한 고유 자료를 덧붙여 복음서를 저술했습니다. 그는 오경이나 시편, 축제 오경 같은 고대의 유다 문헌처럼 비슷한 말씀이나 사화를 주제별로 모아 다섯 부분으로 구성하였습니다. 그리고 각 부분을 "예수님께서 … 을 마치시자 … 하시고 나서 … 하시었다"는 맺음말로 끝냅니다.

| 주 제 | 단 락 | 맺음말 |
|---|---|---|
| 산상 설교(참된 의로움) | 5-7장 | 7,28-29 |
| 파견 설교(참된 제자상) | 10장 | 11,1 |
| 비유 설교(일곱 가지 비유) | 13장 | 13,53 |
| 공동체 설교(참된 형제애) | 18장 | 19,1 |
| 심판 설교 | 23장, 24-25장 | 26,1 |
| 기적 이야기 모음 | 8-9장 | |

## 2. 마태오의 신학 사상

### 1) 예수님은?

그리스도(메시아)

마태오는 예수님이 구약의 예언을 성취하시는 분이며, 유다인들이 기다리고 있던 메시아라고 확신합니다. 이를테면 "주님께서 예언자를 통하여 하신 말씀이 이루어지려고 이 모든 일이 일어났다"(1,22)는 표현을 열 한 차례나 사용하며 구약성경을 62번이나 인용합니다. 또 '그리스도'라는 호칭을 열여섯 차례 기술합니다.

율법의 참해석자

마태오는 예수님이 율법을 완성하신 분이라고 봅니다. 율법의 세칙보다 하느님의 뜻을 중히 여기셨기에 율법을 심화하거나 폐기하는 말씀(5,21-48)을 거침없이 하셨다는 것입니다.

하느님의 아들

구약성경은 하느님과 가까운 존재를 '하느님의 아들'이라고 불렀습니다. 마태오는 예수님을 열두 차례나 '하느님의 아들'이라 부릅니다. 나아가 하느님의 성령으로 잉태되시고 하느님 친히 "이는 내가 사랑하는 아들, 내 마음에 드는 아들이다"(3,17)라고 하셨으니 예수님을 하느님의 진정한 아들이라고 강조합니다.

### 2) 교회는?

마태오는 복음서 저자 가운데 유일하게 '교회'라는 낱말을 사용하며(16,18; 18,17), 교회 문제에 큰 관심을 쏟았습니다. 교회가 베드로의 기초 위에 세워졌다는 내용은(16,17-19) 후대에 큰 영향을 끼쳤습니다.

그리스도교는 하느님의 새 백성

예수님과 제자들은 이스라엘 민족에게만 복음을 전하러 파견되었습니다(10,5-6; 15,24). 그런데도 유다인들은 그들을 배척하고 박해했습니다(10,17.23; 23,34-37). 마태오는 이제 이스라엘 민족 대신 일부 유다인과 다수의 다른 민족으

베드로에게 하늘 나라의 열쇠를 주시는 그리스도, 1000년경, 오토 3세 성경 세밀화, 바이에른 주립도서관, 뮌헨.

로 구성된 그리스도 교회가 하느님의 새 백성이 되었다고 봅니다.

### 교회 규범

마태오는 그리스도 교회에서 마땅히 지켜야 할 사항을 18장에서 교회 규범으로 엮었습니다. 예수님께서 하느님 아버지의 뜻을 따라 말씀하고 처신하셨듯이(26,39.42), 교회도 예수님의 뜻을 받들어 그분의 언행을 재현해야 한다고 제시합니다. 마태오는 지역 교회에서 일하는 이들이 작은 이들을 돌보고 겸손되이 서로 용서하라고 촉구합니다.

# 3. 내용

## 1) 예수 탄생 이야기(1-2장)

### 족보

아브라함부터 예수님까지 이르는 족보를 3등분 하여 매번 14대(완전수 7×2)로 엮은 것은, 예수님의 탄생을 하느님께서 각별히 계획하고 섭리하신 뜻으로 이해한 것입니다.

이 족보에 올라 있는 네 명의 조모(타마르, 라합, 룻, 우리야의 아내)는 불륜, 간음 등 비윤리적 방법으로 아들을 잉태하여 가계를 이어 나갔습니다. 특히 마리아는 처녀의 몸으로 잉태하고 출산하여(1,18-25), 하느님의 섭리가 극치에 이르렀음을 보여 줍니다.

성가정의 피난, 13세기, 유리화, 바덴 주립도서관, 카를스루에.

### 동방 박사들

예루살렘 주민들과 헤로데 임금은 예수님의 탄생을 알아보지 못한 반면, 동방 박사(점성가)들은 이상한 별을 보고 메시아의 탄생을 알아봅니다. 이 이야기에는 마태오 복음서가 저술될 당시 유다인들이 메시아 예수님을 배척한 반면, 이방인들은 그분을 신봉한 사실이 내포되어 있습니다. 아기 예수님이 헤로데의 학살을 피해 이집트로 피신했다가 나자렛으로 귀향한 이야기는 이스라엘 백성의 이집트 탈출 사건과 짝을 맞춘 것으로, 예수님께서 이스라엘 백성의 메시아로서 백성과 운명을 같이한다는 의미가 포함되어 있습니다.

## 2) 활동 준비기(3,1-4,11)

세례자 요한은 "회개하여라. 하늘 나라가 가까이 왔다"(3,2)고 외치며 구약의 예언이 성취되었음을 알렸고, 물로 회개의 세례를 베풀었습니다. 예수님께서는 요한을 찾아가 세례를 받으실 때, 이사야의 예언(이사 11,1-2; 61,1)대로 하느님의 영을 깊이 체험하고 공생활을 시작하십니다.

## 3) 갈릴래아 활동기(4,12-18,35)

### 산상 설교

예수님께서는 하느님 친히 다스리는 하늘 나라가 오면 지금 가난하고 굶주리고 서러운 이들이 환히 웃게 되리라는 앞날의 희망 때문에 그들이 복되다고 선포하십니다. 마태오는 '마음이' 가난한 이들, '옳은 일에' 주리고 목마른 이들이라고 바꿈으로써, 물질적 삶뿐 아니라 윤리적 삶에도 관심을 보입니다.

### 주님의 기도

하느님에 관한 간구 세 가지와 우리에 관한 간구 네 가지가 연달아 제시됩니다. 예수님께서 제자들에게 주님의 기도를 가르치셨을 때는 하느님을 단순히 '아빠'라고 부르셨을 것입니다. 아람어 아빠(*abba*)는 본디 아기나 아들이 아버지를 친근하게 부르는 호칭으로, 하느님에게는 잘 쓰지 않았습니다. 마태오 복음에 나오는 "하늘에 계신 우리 아버지"는 유다인들이 흔히 쓰는 하느님 호칭에 따른 것입니다.

### 파견 설교

제자들이 맡은 첫째 임무는 '하늘 나라가 가까이 왔다고 선포'하는 일입니다. '하늘 나라'는 마태오 복음서에만 32번 나옵니다. 그 시대에는 종말이 멀지 않았다는 생각이 널리 퍼져 있었습니다. 그래서 하느님 나라가 곧 온다는 가르침도 쉽게 퍼져 나갈 수 있었습니다. 이 말은 인간의 삶과 역사를 주관하며 구원하시는 하느님의 뜻이 반드시 이루어질 것임을 알려 줍니다.

### 비유 설교

일곱 가지 비유의 주제는 주로 하느님 나라, 곧 하느님께서 하시는 일을 보여 줍니다. 이를 통해 하느님 나라를 선포하시는 예수님의 활동을 밝히기도 하고, 제자들과 청중의 응답을 촉구하기도 합니다. 비유의 소재도 다양하여 농사, 목축, 상업, 가사, 공무, 놀이 등 여러 가지입니다.

### 공동체 설교

잃은 양을 되찾고 기뻐하는 목자의 비유를 통해, 하느님께서 고아와 과부, 가난한 이와 나그네를 아끼셨듯이 교회도 신앙의 위기에 처해 있는 보잘것없는 한 사람을 힘껏 돌보라고 가르칩니다. 그래야 공동체를 지켜 나갈 수 있다고 일러 줍니다.

## 4) 예루살렘 상경 및 활동기(19-28장)

### 심판 설교

형식주의에 빠져 하느님의 참사랑을 실천하지 못하는 유다교의 풍습과 관행을 심판하는 동시에, 종말의 순간이 닥쳐와도 현실에 충실하게 살아가다 보면 구원을 얻으리라는 약속을 전해 줍니다.

### 수난과 부활

예수님의 최후 만찬은 대략 30/33년, 유다력으로 니산 달 14일 저녁때 예루살렘 시내 어느 이층 방에서 이루어졌을 것이라고 봅니다. 예수님께서 빵과 잔을 들어 찬미와 감사를 드리며 이를 당신의 몸과 피라고 이르신 것은, 시시각각 다가오는 죽음을 예감하면서 많은 사람을 위해 당신 자신을 바치시겠다는 사랑의 표현이라 할 수 있습니다.

최후의 만찬, 12세기, 하인리히 복음서 세밀화, 아우구스트 공작 도서관, 볼펜뷔텔.

예수님께서는 "예언자들이 기록한 성경 말씀이 이루어지려고"(26,56) 당신의 수난 과정이 펼쳐지고 있다고 일러 주시며, "아버지의 뜻이 이루어지게"(26,42) 하려고 당당히 나가십니다. 그분은 최고 의회와 빌라도 앞에서 당신이 "하느님의 아들 메시아"(26,63)이며 "유다인들의 임금"(27,11)이라고 분명하게 밝히신 후, 침묵 속에서 조롱과 배신을 견디십니다. "죄 없는 분"(27,4)께서 십자가에 달려 죽으시어 "당신 백성을 죄에서 구원"하셨습니다(1,21). 이는 일찍이 "많은 이들의 몸값으로 자기 목숨을 바치러 왔다"(20,28)고 당신 스스로 말씀하신 바를 이루신 것입니다.

예수님께서는 "내가 세상 끝 날까지 언제나 너희와 함께 있겠다"(28,20ㄴ)고 약속하십니다. "세상 끝 날까지"라는 표현은 신약성경에서 마태오 복음서에만 다섯 번 나옵니다(13,39.40.49; 24,3: 같은 단어가 "세상 종말"로 옮겨짐). 예수님과 제자들의 운명 공동체는 세월이나 죽음이 결코 갈라 놓을 수 없습니다.

# 마르코 복음서

## 28주간

제2일: 마르 1,1-4,41
(시편 78,1-8)

제3일: 마르 5,1-7,37
(시편 15,1-3)

제4일: 마르 8,1-10,52
(시편 119,9-16)

제5일: 마르 11,1-13,37
(시편 119,166-168)

제6일: 마르 14,1-16,20
(시편 22,30-32)

# 1. 입문

## 1) 책의 이름

마르코 복음서는 신약성경에 두 번째로 나옵니다. 이 복음서도 처음에는 이름 없이 회람되었는데, 교회 전승에 따라 2세기 중반에 '마르코에 의한'이란 그리스어 이름이 붙었습니다. '마르코에 의한 예수 그리스도의 거룩한 복음'이란 라틴어 이름을 줄여서 '마르코 복음서'라고 부릅니다. 총 16장으로 복음서 중에서 분량이 가장 적습니다.

## 2) 저자

2세기에 소아시아의 히에라폴리스 주교 파피아스의 증언에 따라, 베드로 사도의 통역으로 일했던 마르코가 복음서를 썼다는 전통적 견해가 생겨났습니다. 마르코는 예루살렘 출신으로 바오로와 바르나바와 함께 선교 여행을 떠났고(사도 12,12.25; 콜로 4,10), 로마에 있는 베드로의 협조자로 신약성경에 등장합니다(1베드 5,13). 그러나 내용으로 보아 베드로에게 직접 영향을 받은 인물이 썼다고 보기는 어렵습니다. 마르코 복음서에서 차지하는 베드로의 중요한 위치는, 베드로를 중심으로 하는 전승이 있었음을 시사할 뿐입니다.

성 마르코, 1300년경, 콘스탄티노플 제작, 복음서 세밀화, 프랑스 국립도서관, 파리.

## 3) 저술 장소 및 연대

유다인들의 풍습을 설명하고(7,3-4; 14,12; 15,42) 히브리어나 아람어를 그리스어로 옮기며(3,17; 5,41; 7,11.34; 14,36; 15,34), 복음이 다른 민족들에게 갖는 중요성을 강조하는 것(7,27; 10,12; 11,17; 13,10)으로 보아, 팔레스티나 밖에 사는 이방계 그리스도인들을 대상으로 해외에서 저술되었으리라고 봅니다. 전통적으로 로마에서 쓰였다고 믿어 왔습니다. 저술 연대는 예루살렘 성전이 파괴된 기원후 70년 무렵이라고 추정합니다.

## 4) 구조

# 2. 마르코의 신학 사상

마르코는 사람들이 예수님을 그리스도요 하느님의 아들로 깨달아 가는 과정을 여러 단계로 묘사합니다.

### 놀라운 인물

예수님의 말씀과 행적을 접한 사람들은 처음에 무척 놀랍니다. 가르치는 내용이나 방식이 율법 학자들과 아주 달랐기 때문입니다. 놀라워하면서 예수님을 특별한 인물로 알아보기 시작합니다(1,22.27; 4,41; 6,2).

### 예언자

사람들은 놀라운 일을 보이시는 예수님을 '다시 살아난 세례자 요한', '엘리야', '예언자들 중의 한 분'으로 여기게 됩니다(6,14-15; 8,27-28).

### 메시아·하느님의 아드님

일반 사람들과는 달리 제자들은 하느님의 계시로 예수님을 메시아요 하느님의 아드님이라고 고백합니다(8,29; 9,7). 그러나 메시아에 대한 기대나 생각은 서로 달랐습니다. 게다가 예수님의 함구령으로 그것을 속으로 간직해야만 했습니다.

### 수난과 죽음을 겪고 부활할 사람의 아들

예수님이 메시아임을 알게 된 제자들은 그분에 대한 하느님의 계획도 전해 듣습니다. 그분은 사람들이 기대하는 메시아가 아니라, 수난과 죽음을 겪고 부활하실 사람의 아들이라는 것입니다. 그러나 제자들은 이러한 예고를 세 차례 받는데도 그것을 받아들이지 못합니다(8,31; 9,31; 10,33-34).

| 수난 예고 | | | | 몰이해 | 가르침 |
|---|---|---|---|---|---|
| 1차 | 사람의 아들 | 원로들<br>수석 사제들<br>율법 학자들 | 죽었다가<br>살아난다 | 베드로 | 8,34-38 |
| 2차 | 〃 | 사람들 손에 | 〃 | 윗자리 다툼 | 9,35-10,31 |
| 3차 | 〃 | 이방인 손에 | 조롱, 모욕 | 제베대오의<br>아들들 | 10,42-45 |

하느님께서 알려 주신 하느님의 아들 예수, 1211-1213년,
시편 기도서 세밀화, 뷔르템베르크 주립도서관, 슈투트가르트.

### 수난받는 하느님의 아들 메시아, 재림할 사람의 아들

수난의 과정 가운데 예수님이 누구신지 분명히 계시됩니다. 예수님께서 최고 의회에서 직접 당신이 누구신지 밝혔을 뿐 아니라, 예수님의 죽음을 목격한 백인대장의 고백에서 예수님의 정체가 드러납니다(14,61-62; 15,39).

# 3. 내용

| 카파르나움에서 보내신 하루(1,21-39) | |
|---|---|
| **낮 - 회당에서** | **저녁 - 문 앞에서** |
| 권위 있게 가르침 - 사람들이 놀랐다<br>더러운 영 추방(남자) - 모두 놀라다 | 온 고을 사람들 ┌ 치유<br>└ 구마 |
| **낮 - 집에서** | **새벽 - 외딴곳에서** |
| 열병을 치유하심(여자) - 부인이 시중 들다 | 기도하심 |

## 1) 갈릴래아 활동기(1-9장)

마르코 복음서는 "하느님의 아드님 예수 그리스도의 복음의 시작"(1,1)이라는 구절로 시작합니다. 이로써 예수님이 '하느님의 아드님이시며 그리스도'이심을 선포함과 동시에 그분에 관한 소식이 '복음'이라고 분명히 밝힙니다. 그런 다음 "광야에서 외치는 이의 소리"(1,3)인 세례자 요한의 이야기부터 전개해 나갑니다(그래서 마르코 복음사가는 울부짖는 '사자'로 표상됩니다).

요한에게서 세례를 받고 광야에서 유혹을 받으신 후에야, 예수님께서는 갈릴래아에서 복음을 전하십니다(1,2-15). 먼저 제자들을 부르시고 가르치며 병자를 고쳐 주고 더러운 영을 쫓아내십니다. 마르코는 이 모든 활동을 '하루'라는 시간 안에서 순차적으로 소개합니다(1,21-39). 특히 새벽에 외딴곳으로 나가시어 기도하셨다고 밝혀(1,35) 그분의 사도직 활동을 지탱해 주는 근원적 힘이 '기도'에 있다고 일러 줍니다.

그 후 병자를 치유하고 오천 명을 먹이는 놀라운 이적을 보이시는 가운데 율법학자들과의 갈등이 점차 심해지고 있다고 점진적으로 묘사해 나갑니다.

| | 오천 명을 먹이신 기적 | 사천 명을 먹이신 기적 |
|---|---|---|
| **동기** | 제자들이 먼저 걱정하고(6,30-40)<br>예수님께서 군중을 측은히 여기심 | 예수님께서 먼저 걱정하시고(8,1-10)<br>먼 데서 온 사람들에게 관심을 보이심 |
| **재료** | 빵 다섯 개와 물고기 두 마리 | 빵 일곱 개와 물고기 몇 마리 |
| **기도** | 찬미를 드리신 다음 | 감사를 드리신 다음 |
| **먹은 사람** | 남자만도 오천 명 | 사천 명 |
| **남은 조각** | 열두 광주리 | 일곱 바구니 |

## 2) 예루살렘으로 가는 길(10장)

예수님께서는 예루살렘으로 올라가는 길에서 온갖 시험과 도전에 맞서 싸우시

예수님과 어린이와 바리사이들, 1250년경, 베로나 신약성경 세밀화, 바티칸 도서관.

며, 당신을 끝까지 따르는 것이 무엇을 의미하는지에 대해 깊이 숙고하라고 가르치십니다.

우선 이혼 문제로 당신을 시험하려는 바리사이들과 맞닥뜨리고(10,1-12), 십계명을 열심히 지키면서도 재물에 얽매여 있는 한 부자의 형식적 신앙에 직면하며(10,17-27), 서로 높은 자리에 앉으려는 몰지각한 제자들의 실상을 접해야 했습니다(10,35-45). 예수님께서는 이런저런 유혹으로 눈이 어두워진 사람들에게 필요한 것은 눈먼 바르티매오의 고백이라고 넌지시 일깨워 주십니다. "스승님, 제가 다시 볼 수 있게 해 주십시오"(10,51).

## 3) 예루살렘에서의 수난과 부활(11-16장)

마르코는 예루살렘 활동기를 7일이라는 시간 안에 압축시켜 밀도 있게 보여 줍니다. 예수님은 어린 나귀를 타고 예루살렘에 들어가시어, 구약의 예언을 성취하십니다(즈카 9,9; 마르 11,1-11). 그리고 성전에서 장사꾼들의 탁자와 의자를 둘러엎으시고, '강도들의 소굴'이 된 성전의 기능이 끝났음을 분명하게 드러내십니다(11,15-19).

이어서 예수님께서는 성전에서 유다교 지도자들과 다섯 차례에 걸쳐 논쟁을 벌이십니다. 그 뒤 수석 사제들과 율법 학자들의 음모가 시작되고, 예수님께서 겟세마니에서 체포되어 십자가에서 숨을 거두시기까지 수난 이야기는 빠르게 전개됩니다.

**예수님의 수난 사화 시간표**

| | |
|---|---|
| 파스카와 무교절 이틀 전(14,1) | - 예수님을 죽일 음모 |
| | 예수님의 머리에 향유를 붓다 |
| | 유다의 배신 |
| 무교절 첫날, 파스카 양을 잡는 날(준비일 14,12) | - 파스카 음식 준비 |
| | 저녁때: 최후의 만찬 |
| | 밤: 겟세마니 기도와 체포, 최고 의회 신문 |
| | 아침: 빌라도 신문(15,1) |
| | 아침 아홉 시: 예수님을 십자가에 못 박다(15,25) |
| | 낮 열두 시: 어둠이 온 땅을 덮다(15,33) |
| | 오후 세 시: 예수님, 숨을 거두시다(15,34) |
| | 저녁때: 예수님, 무덤에 묻히시다(15,42) |
| 파스카 축제일, 안식일 | - 쉬다 |
| 안식일 다음 날(주간 첫날) 매우 이른 아침 | - 여인들, 예수님 무덤에 가다(16,2) |

예수님의 부활, 1455년, 아르메니아 복음서 세밀화, 월터스 예술 박물관, 볼티모어.

마르코 복음서는 본래 천사가 예수님의 부활을 예고하면서 마무리되었을 것으로 추정합니다(16,1-8). 여기에는 부활에 대한 희망을 품고 살아가는 교회의 모습이 담겨 있습니다. 그 뒤로 이어지는 이야기(16,9-20)는 후대에 덧붙여진 내용입니다.

## 4. 마르코 복음서의 중요성

초대교회는 예수님의 수난과 부활을 선포하는 데에 치중하였습니다. 그런데 팔레스티나 바깥의 이교 문화 속으로 복음이 선포되고 복음의 첫 증인인 사도들이 순교하면서, 복음의 원천이 변질되거나 사라질 위험이 커졌습니다. 이러한 위기 속에서 마르코 복음사가는 예수님의 공생애에 관한 여러 단편 전승을 처음으로 체계화하여 하나의 긴 이야기로 구성하였습니다. 예수님의 말씀과 행적을 복음서 형태로 정착시켜 사도들의 전승을 보존하는 데 크나큰 공헌을 한 것입니다.

그리하여 교회는 언제 어디서나 예수님의 말씀을 들려주어 복음의 힘과 지혜를 전할 수 있었고, 신자들이 주님을 바로 알고 끝까지 뒤따를 수 있도록 일관성 있는 교육을 할 수 있게 되었습니다.

예수님과 함께 산에 올라가는 열두 제자, 11세기, 그리스어 성경 사본 세밀화, 프랑스 국립도서관, 파리.

마르코 복음서에서 제자의 자리는 고정되어 있지 않습니다. "하느님의 뜻을 실행하는 사람"(3,35), "자신을 버리고 제 십자가를 지고 나(예수)를 따르는 사람"(8,34)이 진정한 제자입니다. 그런 제자의 예로 마리아 막달레나 등 여성 제자들을 소개하는 것이 독특합니다.

# 루카 복음서

## 29주간

제1일: 루카 1,1-3,38
(시편 89,4-5)

제2일: 루카 4,1-8,56
(시편 144,3.15)

제3일: 루카 9,1-13,35
(시편 40,12)

제4일: 루카 14,1-17,37
(시편 40,9)

제5일: 루카 18,1-21,38
(시편 24,1)

제6일: 루카 22,1-24,53
(시편 122,6-8)

# 1. 입문

## 1) 책의 이름

루카 복음서는 신약성경에 세 번째로 나옵니다. 이 복음서도 이름 없이 회람되다가, 교회 전승에 따라 2세기 중반에 '루카에 의한'이란 그리스어 이름이 붙었습니다. '루카에 의한 예수 그리스도의 거룩한 복음'이란 라틴어 성경 이름을 줄여 흔히 '루카 복음서'라고 부릅니다. 총 24장으로 가장 분량이 많은 복음서이며, 사도행전과 짝을 이룹니다.

## 2) 저자

무라토리 경전 목록(180년경)과 프랑스 리옹의 주교 이레네오(2세기 말)의 저서에, 사도 바오로의 협조자로 활동한 루카라는 의사(콜로 4,14; 필레 1,24; 2티모 4,11)가 복음서를 집필했다고 전해 내려옵니다. 그런데 루카 복음서에는 바오로가 직접 쓴 서간의 내용과 어긋나는 점이 많이 발견됩니다. 또 율법과 복음, 신앙과 실천의 관계를 깊이 숙고하였던 바오로의 사상과 연관되지 않습니다. 그래서 바오로의 협조자 루카가 썼다고 볼 수 없으나, 교회 전승에 따라 익명의 저자를 '루카'라고 부르고 있습니다.

성 루카, 1400년경, 기도서 세밀화, 성 가타리나 수도원, 시나이.

### 3) 저술 연대 및 장소

테오필로스에게 바치는 헌정문이 첫머리에 나오고 70년에 발생한 예루살렘 멸망 사건을 상세히 보도하는 것으로 보아, 80-90년경에 그리스 문화권에서 생활하는 그리스도인들을 대상으로 팔레스티나 바깥에서 저술되었을 것으로 추정합니다.

### 4) 구조

머리말 및 예수님의 탄생 (1,1-2,52) — 구원 활동의 준비와 표징 (3,1-6,11) — 예수님의 제자 양성 (6,12-19,27) — 예루살렘에서 구원 완성 (19,28-24,53)

## 2. 루카의 신학 사상

### 1) 구원의 역사

루카는 네 복음사가 가운데 특별히 구원의 역사를 세 시대로 명확히 구분합니다.

| 이스라엘 시대 | 예수님 시대 | 교회 시대 |
|---|---|---|
| "율법과 예언자들의 시대"(16,16) | 예수님 시대 | 성령의 시대 |
| 세례자 요한이 체포되기까지 | 나자렛 설교부터 승천하기까지 | 성령강림부터 종말까지 |
| 구원을 준비하는 과정 | 구원이 이루어지는 시기 | 구원이 선포되는 시기 |
| 루카 복음서의 앞부분 | 루카 복음서의 대부분 | 사도행전 |

## 2) 사도

루카에게 사도는 우선 예수님의 부활을 증언하는 사람입니다(사도 1,21-22). 그래서 그는 요한의 세례부터 시작하여 예수님께서 승천하신 날까지 줄곧 예수님과 함께했던 사람만을 사도라고 보았습니다. 이 기준으로 볼 때 부활하신 예수님을 만나뵙고 회심한 뒤 다른 민족들에게 복음을 선포하기 시작한 바오로는 사도 자격을 가질 수 없습니다. 그래서 루카는 바오로를 사도라 부르지 않습니다.

열두 사도(앞줄 왼쪽부터 야고보, 베드로, 요한, 마태오), 14세기,
비잔틴 이콘, 국립 푸시킨 미술관, 모스크바.

## 3) 루카의 특별한 관심사

루카 복음서는 흔히 '소외된 이들의 복음서', '성령의 복음서', '기도의 복음서'라고 불립니다. 예수님께서는 나자렛 회당에서 설교하실 때부터 '가난한 이', '잡혀 간 이들', '눈먼 이', '억압받는 이'에게 많은 관심을 보이셨습니다. 또 루카는 공관 복음서의 저자 가운데 기도에 관한 가르침과 일화를 가장 많이 수록해 놓았을 뿐만 아니라, 예수님의 생애가 기도로 이어지는 삶이었음을 드러냅니다. 또 성령에 관해 가장 많이 언급할 정도로(루카 복음서에 17번, 사도행전에 57번), 사도직을 펼쳐 나가는 원동력이 바로 성령이라고 분명하게 강조합니다.

맹인의 치유, 12세기, 그리스어 복음서 세밀화, 그리스 국립도서관, 아테네.

# 3. 내용

## 1) 머리말(1,1-4)

루카는 복음서를 테오필로스('하느님께 사랑받는 사람들'이란 뜻)에게 바치는데(1,4), 그가 누구인지는 알 수 없습니다. 어쩌면 예수님을 믿기 시작한 고위 관리였을 수도 있고, 그 이름 뜻대로 하느님께 사랑받고 또 하느님을 사랑하는 이방인 모두를 가리키는 것일 수도 있습니다.

## 2) 예수님의 탄생과 유년 시절(1,5-2,52)

루카는 아우구스투스 황제, 퀴리니우스 시리아 총독 등을 거론하며 로마의 구체적 역사 속에 예수님의 탄생 사건을 위치시켜, 이 일이 매우 의미 있고 중요한 사건이라고 강조합니다. 또한 구약성경을 대거 인용하여 예수님이 오래 전부터 기다려 왔던 인물이라고 부각시키고, 특히 세례자 요한과 예수님의 탄생 기사를 대조하여 예수님이 요한을 능가하는 분이라고 부각시킵니다.

타데오 디 바르톨로, 목자들의 경배, 15세기, 두오모 오페라 미술관, 시에나.

루카 복음서 1-2장의 구조

첫째 주기: 탄생 예고

세례자 요한 1,15-25

예수님 1,26-38

엘리사벳 방문 1,39-56

둘째 주기: 탄생

요한 탄생 1,57-58

예수님 탄생 2,1-20

요한 할례 1,59-80

예수님 할례 2,21-40

예수님의 소년 시절 2,41-52

중풍 병자의 치유, 11세기, 하인리히 3세 복음서 세밀화,
엘 에스코리알 왕립수도원 도서관, 마드리드.

### 3) 구원 활동의 준비와 표징(3,1-6,11)

예수님께서는 나자렛 회당에서 '주님의 은혜로운 해'를 선포하면서 공생활을 시작하십니다. 50년마다 돌아오는 희년(레위 25,8-55)은 사회의 모든 경제 질서를 재조정하여 공동체를 온전하게 되돌리는 해입니다. 예수님께서는 희년을 선언하시어 하느님께서 은혜로 베푸시는 해방과 자유가 모든 이에게 미치게 되었다는 복음을 선포하십니다. 그분이 병자를 고치시고 더러운 영을 쫓아내시는 일은 모두 지금 이 땅에 미치는 하느님의 권능을 증거합니다.

열매 맺지 못하는 무화과 나무의 비유(위)와 등 굽은 여자의 치유, 1000년경, 오토 3세 복음서 세밀화, 바이에른 주립도서관, 뮌헨.

## 4) 스승 예수님(6,12-9,50)

예수님께서는 어부와 세리처럼 비천한 계층에 속했던 사람들을 제자로 불러 그들과 함께 사랑과 용서의 공동체를 형성하시고, 해방의 복음을 선포하십니다. 예수님의 가르침은 '평지 설교'(6,20-49; 비교: 마태 5-7장의 산상 설교)에 잘 나와 있습니다. 예수님께서는 참행복의 길과 사랑과 자비의 삶을 가르치시며, 말씀을 실천하라고 이르십니다. "너희 아버지께서 자비하신 것처럼 너희도 자비로운 사람이 되어라"(6,36).

### 5) 예루살렘으로 가는 길에서(9,51-19,27)

예루살렘으로 가는 길에 제자들을 가르치는 여정기는 루카 복음서에만 나오는 고유한 부분입니다. 먼저 제자가 되려는 세 사람을 예로 들어, 예수님을 따르려면 기존의 삶에서 벗어나는 과감한 결단이 필요하다고 일깨웁니다(9,57-62).

그리고 착한 사마리아인 비유(10,25-37)를 통해, 나를 중심으로 이웃을 규정짓지 말고 고통당하는 사람에게 필요한 이웃이 되어 주라는 사고의 전환을 촉구합니다. 또 각종 비유를 들려주며 하느님의 나라를 바르게 알아듣고 선택하라고 일러 줍니다.

## 6) 예루살렘에서 구원을 완성하신 주님(19,28-23,56)

겟세마니의 기도, 6세기, 시리아 세밀화, 주교좌 도서관, 로사노.

루카는 수난 이야기에 나타나는 여러 인물을 하나의 본보기로 제시합니다. 일례로, 키레네의 시몬을 통해서는 '매일 십자가를 지고 따르는 삶'을 보여 줍니다. 또한 예수님께서 십자가에 못 박혀 돌아가시는 순간에도 "아버지, 제 영을 아버지 손에 맡깁니다" 하면서 끝까지 순종하시는 모습을 통해, 우리도 순명하는 삶을 살라고 가르칩니다.

## 7) 죽음을 이기고 부활하신 예수님(24,1-53)

루카는 예수님의 죽음이 실패가 아니라 성경 말씀을 그대로 실현된 것임을 빈 무덤과 여러 가지 발현 사화로 확인시켜 줍니다. 그리하여 부활하신 주님을 증언하면서 복음을 새롭게 선포하기 위해, 수난 때처럼 뿔뿔이 흩어지거나 엠마오로 가는 제자들처럼 다른 곳을 찾아 떠나지 말고 예루살렘에 머물러 있으라고 당부합니다.

예수님의 승천, 14세기, 세밀화, 국립도서관, 카를스루에.

# 요한 복음서

## 30주간

제1일: 요한 1,1-4,42
(시편 119,89-90)

제2일: 요한 4,43-6,71
(시편 27,1)

제3일: 요한 7,1-10,42
(시편 23,1-3 )

제4일: 요한 11,1-14,31
(시편 66,8-9)

제5일: 요한 15,1-17,26
(시편 57,10-12)

제6일: 요한 18,1-21,25
(시편 47,3-4.6)

# 1. 입문

## 1) 책의 이름

요한 복음서는 신약성경에 네 번째로 나옵니다. 이 복음서도 처음에는 이름 없이 회람되었는데, 교회 전승에 따라 2세기에 '요한에 의한'이란 그리스어 이름이 붙었습니다. 라틴어로는 '요한에 의한 예수 그리스도의 거룩한 복음'이지만 흔히 '요한 복음서'라고 부릅니다. 총 21장으로 구성되어 있으며, 제4복음서라고도 불립니다.

성 요한, 10세기, 사복음서 세밀화, 라이프치히대학교 도서관.

## 2) 저자

2세기부터 이레네오 주교를 비롯하여 교회의 여러 전통에서는 제베대오의 아들인 사도 요한을 제4복음서의 저자로 보는 견해가 생겨났습니다. 그리고 히에라폴리스의 주교 파피아스가 140년경에 남긴 단편 기록에 따르면, 당대에 '요한'이라 불리는 원로가 있었다는 사실도 알 수 있습니다.

그런데 복음서 본문에서는 "예수님께서 사랑하시는 제자"(13,23; 19,26-27; 20,1-8; 21,7.24)가 증언하고 기록하였다고 나옵니다. 그러나 그가 누구인지는 알 수 없습니다. 그래서 제4복음서 저자는 베드로만큼 믿을 만하고 예수님과 가까웠던 증인의 전통을 대변하는, '사랑하신 제자'와 연관된 공동체(흔히 '요한 공동체'라 부르는)의 중요한 인물이라고 생각합니다. 이 복음사가의 상징은 하늘을 높이 나는 독수리입니다.

## 3) 요한 공동체의 발전 과정(레이몬드 브라운의 가설)

팔레스티나의 권위 있는 전승을 보존하고 있는 것으로 보아, 팔레스티나 유다교의 다양한 분파 가운데서 요한 공동체가 생겨났을 것으로 추정합니다.

성전을 거부하고 정화 예식 및 축제를 강조하는 것으로 보아, 어느 시점에 사마리아인들이 공동체에 합류했을 것으로 보입니다.

유다인들을 심하게 단죄하는 표현으로 보아, 유다인들과 상당한 갈등을 겪으며 꽤 심각한 박해를 받았던 것으로 짐작됩니다.

회당에서 추방되어 정착한 후에는 주로 다른 민족들에게 선교하며, 머리글(말씀 찬가)과 수난 사화를 비롯하여 선교 설화를 집성했을 것으로 보입니다.

1세기 무렵에 영지주의로 떨어져 나간 분파 외에는 베드로의 권위를 따릅니다.

## 4) 저술 연대 및 장소

제4복음서에는 그리스도인들이 회당에서 쫓겨나면서 박해받는 모습이 두드러집니다. 이러한 현상은 라삐들이 얌니아에 자리를 잡고 유다교를 재건한 80년대 후반 즈음에 일어났다고 봅니다. 또 가장 오래된 제4복음서의 파피루스 단편($P^{52}$)이 125-150년에 필사된 것으로 추정되므로, 1세기 말(90-95)에 소아시아 또는 시리아에서 저술되었을 것으로 봅니다.

### 4) 구조

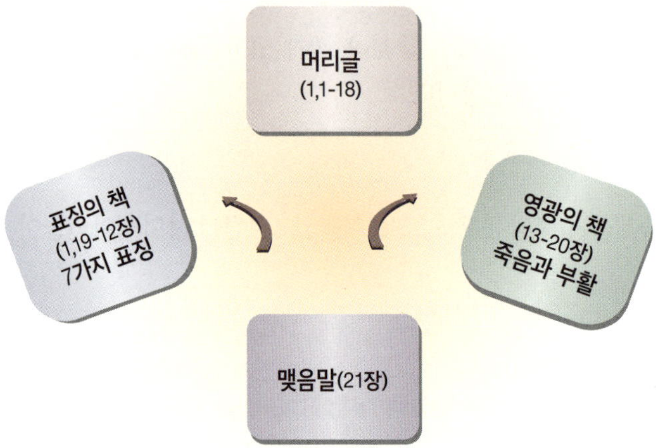


## 2. 요한 복음서와 공관 복음서의 비교

요한 복음서는 공관 복음서와 구별되는 독특한 문체와 내용을 보입니다. 공관 복음서라 해도 세 복음서는 각각 고유한 시각에서 예수님을 묘사하고 있고, 요한 복음서 역시 고유한 내용과 표현으로 예수님을 드러냅니다. 다시 말해 네 복음서는 그분의 신비에 접근하는 네 갈래 길로, 모두 일치하여 예수님 한 분을 증거합니다.

| 구분 | 공관 복음서 | 요한 복음서 |
|---|---|---|
| 선포의 초점 | 하느님(하늘) 나라의 선포 | 예수님과 아버지의 관계 |
| 공생활 기간 | 1년 | 3년 |
| 가르침 방식 | 잠언이나 비유 | 상징적 이야기 |
| 구마 기적 | 있다 | 없다 |
| 활동 범위 | 갈릴래아에서 예루살렘까지 한 번 가는 여정 | 갈릴래아와 예루살렘을 여러 차례 순환 |
| 메시아 선포 | 갈릴래아 활동의 정점에서 | 복음서 첫머리에 |
| 죽음 | 파스카 시작일 | 파스카 전날 |

# 3. 내용

## 1) 머리글: 말씀 찬가(1,1-18)

말씀 찬가는 예수님의 기원, 존재, 출생, 거부라는 네 가지 심오한 계시 진리를 알려 줍니다. 이 내용을 전하는 데 '말씀, 빛, 어둠, 생명, 은총, 진리, 증언, 영광, 세상' 등과 같은 함축적 낱말을 사용합니다. 특히 1,1에서 하느님의 말씀이 "계셨다"고 두 번 언급하여, '계시는 하느님'이 우리 신앙의 바탕이라고 시사합니다. 하느님께서 참으로 살아 계시다는 믿음 없이는 모든 것이 흔들립니다.

사람이 되신 말씀이요 하느님의 어린양이신 그리스도, 11세기, 베른바르트 복음서 세밀화, 주교좌 도서관, 힐데스하임.

## 2) 제자들을 모으심(1,19-4,54)

**요한 복음서에 나오는 일곱 가지 표징**

| 장소 | 표징의 내용 |
|---|---|
| 카나 | 1. 물을 포도주로 변화시키시다(2,1-12) |
| | 2. 왕실 관리의 아들을 치유하시다(4,46-54) |
| 예루살렘 | 3. 벳자타 못 가의 병자를 치유하시다(5,1-18) |
| 갈릴래아 호수 | 4. 빵을 많게 하시다(6,1-15) |
| | 5. 호수 위를 걸으시다(6,16-21) |
| 예루살렘 | 6. 나면서 눈먼 사람을 치유하시다(9,1-7) |
| 베타니아 | 7. 라자로를 다시 살리시다(11,1-44) |

세례자 요한은 예수님이 역사적 인물인 동시에 역사를 초월하신 분이고 모든 것을 알고 계시는 권능의 하느님이시라고 증언합니다(1,15). 요한의 증언을 듣고 예수님을 따라가 체험한 사람들은 벅찬 감동과 기쁨으로 다른 이들을 예수님께 불러들이기 시작합니다. 안드레아가 베드로를 부르고, 그 뒤에 필립보가 나타나엘을 부르듯 그 부름은 오늘까지 이어집니다.

이어 예수님께서는 카나의 혼인 잔치에서 물을 포도주로 변화시키는 표징을 보여 주시어, 구약에서 그토록 기다리던 '오실 분'이 바로 당신이라고 나타내십니다.

## 3) 예수님의 언행에 대한 논쟁(5,1-10,42)

요한 복음서의 언어는 대단히 상징적입니다. 눈먼 사람의 보지 못함은 불신과 연결되고, 다리 저는 이는 신앙과 삶의 불균형을 가리킵니다.

| 예수님을 가리키는 일곱 개의 표상: "나는 … 이다" |
|---|
| ① 생명의 빵(6,35.48.51) |
| ② 세상의 빛(8,12) |
| ③ 양들의 문(10,7.9) |
| ④ 착한 목자(10,11.14) |
| ⑤ 부활이요 생명(11,25) |
| ⑥ 길이요 진리요 생명(14,6) |
| ⑦ 참포도나무(15,1) |

공관 복음서와 달리 제4복음서에서는 병자가 청하지 않은 상태에서 예수님께서 먼저 그를 치유해 주십니다. 인간의 고통을 먼저 보시고 측은히 여기시는 하느님의 마음입니다. 가령 벳자타 못 가에서도 그냥 일어날 뿐 아니라 38년간 누워 있었던 그의 들것을 들고 걸어가라고 하셔서 완전하게 치유해 주십니다. 그토록 오랫동안 누워 있던 들것을 들고 갈 때, 그 보잘것없는 들것에 더이상 집착하거나 심리적으로 의존하지 않게 됩니다(5,1-18). 이것이 참된 치유의 표징입니다. 예수님께서는 생명의 빵으로 군중을 먹이시고 태어나면서부터 눈먼 사람을 고치시나, 유다인들은 그분을 배척합니다.

## 4) 생명을 주시고 죽음을 받아들이시고(11,1-12,50)

라자로를 소생시킨 예수님의 기적은 하느님 아들의 영광을 드러내는 큰 표징이었습니다. 생명의 빵이요, 물이며 세상의 빛이신 예수님께서는 라자로를 통해 당신이 죽음의 승리자임을 나타내십니다. 그러나 예수님께서 주실 영원한 생명의 표징인 이 엄청난 기적에 대한 반응은 각기 다르게 나타납니다. 많은 사람이 생명이요 부활이신 예수님을 믿었으나, 유다교 지도자들은 그분을 체포하고 죽이려는 음모를 결의합니다. 그들은 죽은 자를 살리신 생명의 주님을 죽이려 합니다. 그런 위기 속에서 예수님께서는 예루살렘으로 들어오십니다.

예수님의 예루살렘 입성, 980-1000년, 복음서 사본 세밀화, 바이에른 주립도서관, 뮌헨.

## 5) 최후의 만찬 담화(13,1-17,26)

피에트로 로렌체티, 발을 씻기시는 예수님, 프레스코,
성 프란치스코 대성당 박물관, 아시시.

야코포 바사노, 예수님의 매장, 1570년대, 루브르 박물관, 파리.

마태오 복음서에는 참된 행복이 여덟 가지 나오는데, 요한 복음서에는 두 가지가 소개됩니다(13,17; 20,29). 그중 첫 번째가 '서로의 발을 씻겨 줌'으로써 얻는 행복입니다(13장). 서로 발을 씻겨 주려면 나 외에 다른 사람과 함께 살아야 하고, 온몸을 그의 발 아래 낮추어야 합니다. 이렇듯 예수님께서 주시는 참된 행복은 나 혼자만의 구원이 아니라 발을 씻겨 줄 형제자매를 겸손되이 섬기며 함께 사는 공동체로 구원받을 때 가능합니다.

## 6) 수난과 발현 사화(18,1-21,25)

유다의 장례 풍속대로 예수님의 시신에 향료를 바르고 고운 베로 감아서 새 무덤에 모신 사람들은 예수님께 그토록 사랑받았던 열두 사도가 아니었습니다. 그들은 세상의 권력과 재물과 명성을 지녔으면서도 사회의 체면과 반대자들에 대한 두려움으로 예수님께 가까이 오지 못했고, 그래서 주님의 제자 되기에는 부당하다고 생각했을 아리마태아 요셉과 니코데모였습니다. 이는 참된 제자가 되는 것에 대하여 깊이 묵상할 수 있게 우리를 이끕니다.

예수님께서 나타나셔서 "나는 올라간다"라고 하신 말씀은 사명을 완수하고 아버지께 돌아가신다는 의미입니다. 예수님께서 지상에서 현존하는 양상을 바꾸신다는 뜻입니다. 그러기에 부활하신 예수님께서는 "나를 더 이상 붙들지 마라"(20,17) 하고 이르십니다.

제자들은 주님을 뵙고 너무 기뻐서 어쩔 줄을 몰랐다고 했습니다. 예수님의 부활을 경험하면 기쁩니다. 평화와 기쁨이야말로 부활하신 주님께서 당신 제자들 사이에 현존하시는 표지입니다.

M. A. 브루벨, 예수님의 부활, 1887년, 우크라이나 국립미술관, 키에프.

오늘 그리스도인 공동체와 개인에게서 기쁨을 찾아볼 수 없다면, 이는 신앙의 위기를 알리는 신호입니다. "평화가 너희와 함께!"(20,19.21).

# 사도행전

## 31주간

제1일: 사도 1,1-3,26
(시편 133,1-3)

제2일: 사도 4,1-7,60
(시편 70,1-6)

제3일: 사도 8,1-10,48
(시편 31,20-21)

제4일: 사도 11,1-12,25
(시편 4,2-9)

제5일: 사도 13,1-14,28
(시편 67,2-4)

제6일: 사도 15,1-17,34
(시편 138,3-5)

## 32주간

제1일: 사도 18,1-20,38
(시편 77,14-15)

제2일: 사도 21,1-23,35
(시편 68,20-21)

제3일: 사도 24,1-26,32
(시편 13,6)

제4일: 사도 27,1-28,31
(시편 18,1-7)

# 1. 입문

## 1) 책의 이름

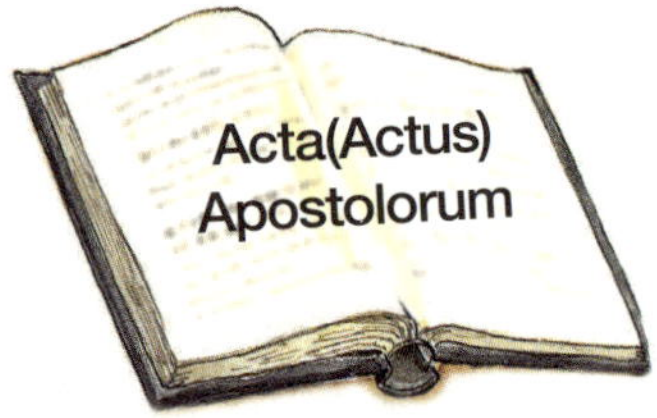


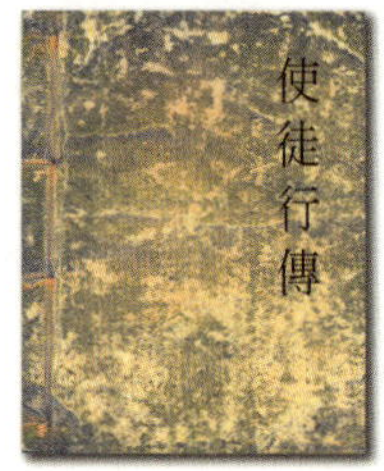


중국어 성경 이름

우리말 성경 이름 '사도행전'은 '사도들의 행적을 기록한 책'이란 뜻입니다. 사도들의 개별 활동이나 생애에 관한 소개가 아니라, 사도들로부터 시작된 초대교회의 형성과 성장 과정을 소개합니다. 사도 중에서 베드로와 바오로의 선교 활동을 대표적으로 들려줍니다.

## 2) 저자

루카 복음서와 비슷한 머리말로 시작하는 것으로 보아, 루카 복음서를 쓴 인물이 사도행전을 저술했다는 사실을 알 수 있지만, 그가 구체적으로 누구인지는 밝혀지지 않았습니다. 180년경에 작성된 무라토리 경전 목록과 2세기 후반에 활동한 이레네오 주교의 저서 《이단 반박》을 바탕으로, "사도 바오로의 협조자"(필레 1,24; 2티모 4,11)요 "의사 루카"(콜로 4,14)를 저자로 추정해 왔지만, 확실한 근거는 없습니다. 현대 성서학자들은 사도 바오로 이후에 활동한 익명의 그리스도인이 자료를 바탕으로 사도행전을 저술했다고 보고 있습니다. 팔레스티나 지리와 관습에 정통하지 못한 것으로 보아 다른 민족 출신의 그리스도인으로 추정합니다.

### 3) 저술 연대

저자가 사도행전을 쓴 이유는 새로 입교한 그리스도교 세례자들에게 확고한 신앙을 심어 주기 위한 것으로 보입니다. 그래서 저자는 그들에게 전한 복음이 목격 증인들의 증언에 근거한다는 사실을 강조하고 있습니다. 이때 저자가 대상으로 하는 교회는 이방계 그리스도교입니다. 사도행전의 문학 형태가 그리스-로마 문학의 전통에 기반하고 있기 때문입니다.

사도행전을 쓴 연대는 루카 복음서보다 조금 늦은, 대략 80-95년으로 추정합니다. 사도 바오로가 60년대에 순교한 사실이 기록되지 않은 것은 사도행전의 저자가 사도의 생애보다 복음 선포에 더 중점을 두었기 때문이라고 이해합니다.

야코포 바사노, 사도 바오로와 베드로, 1568년, 에스텐스 미술관, 모데나.

### 4) 구조

**교회의 탄생** (1,1-5,42) – **박해와 성장** (6,1-11,18) – **세 차례 전도 여행** (11,19-21,16) – **예루살렘에서 로마로** (21,17-28,31)

## 2. 사도행전에 나오는 연설

연설은 사도행전에서 1/4 분량으로 큰 비중을 차지합니다. 총 스물네 번의 연설 중에서 베드로가 여덟 번, 바오로가 아홉 번, 스테파노 등 기타 인물이 일곱 번 연설합니다. 이야기의 진행을 가로막고 소개되는 이런 연설은 대부분 하느님의 구원 역사를 되풀이하여 강조하는 역할을 합니다. 따라서 연설은 사도행전 저자의 저술 의도와 목적을 잘 보여 줍니다. 사건의 주인공으로 등장하는 인물의 연설을 통하여, 그 사건 안에 숨겨져 있는 역사적 의미와 진실을 밝히는 것은 당대에 성행하였던 문학 표현 방식의 하나였습니다. 당시는 웅변학(수사학)이 가장 꽃을 피웠던 시기였습니다.

야코포 바사노, 아테네에서 설교하는 바오로, 1570년경, 시립박물관, 파도바.

## 3. 내용

### 1) 교회의 탄생(1,1-5,42)

신약성경 저자 가운데 루카만이 예수님의 부활과 승천을 구분하여 두 차례 기록하였습니다(루카 24,50-53; 사도 1,9-11). 루카에 따르면 예수님의 승천은 예수님 시대를 마무리하고, 성령강림을 통해 교회 시대가 시작될 것을 예고하며 재림을 예시하는 사건입니다.

베드로와 사도들은 사람들 앞에서 예수님을 그리스도로 증언하며 선포하기 시작했습니다. 그리하여 회개한 이들이 모여 최초로 '예루살렘 교회'를 형성합니다. 초대교회 신자들은 한마음 한뜻이 되어 사도들의 가르침과 친교, 빵 나눔과 기도에 전념하였습니다(2,42; 4,32). 여기서 '사도들의 가르침'이란 사도들이 직접 겪었던 예수님의 삶과 죽음, 부활과 승천 사건에 관해 증언하는 것을 가리킵니다. 베드로와 요한은 붙잡혀 간 최고 의회 법정에서도 "보고 들은 것을 말하지 않을 수 없다"(4,20)고 선언하며, 예수님의 부활을 힘차게 증언하였습니다.

### 2) 박해와 성장(6,1-11,18)

예루살렘의 그리스도인들은 모두 유다인이었으나, 그중에는 해외에서 살다가 돌아온 유다인들도 있었습니다. 그들은 아람어보다 그리스어에 더 익숙했을 뿐만 아니라, 성전과 율법에 대해 비판적 입장을 취했습니다(6,11-14; 7,48-50).

이로 말미암아 스테파노가 예루살렘에서 순교한 후, 예루살렘 교회는 박해를 받게 되었습니다. 그러자 그리스계 그리스도인들은 사방에 흩어져 사마리아 등지에 복음을 전파하였습니다.

한편 열성적인 유다인 사울은 그리스도인을 색출해 내기 위해서 다마스쿠스로 가는 도중에 하늘에서 번쩍이는 빛 가운데 예수님의 말씀을 듣습니다. 그는 이 극적 체험을 통해 그리스도인으로 거듭납니다. 또 베드로는 환시를 통해 백인대장 코르넬리우스의 집에 가 "하느님께서는 사람을 차별하지 않으신다"는 것을 깨닫고 고백합니다(10,34).

베드로가 환시를 보고 코르넬리우스 집으로 가다, 1200년경, 굼페르츠 성경 세밀화, 에어랑엔대학교 도서관.

## 3) 세 차례 선교 여행(11,19-21,16)

안티오키아 교회는 그리스계 그리스도인 공동체로서 처음으로 '그리스도인'이라고 불리게 되었습니다(11,26). 사도들은 그들이 받아들인 신앙이 참된 신앙인지 점검하고 예루살렘 모교회와 새롭게 생겨난 지역 교회를 일치시키기 위해서 바르나바를 파견했습니다(11,22). 교도권과 지역 교회의 일치가 그때부터 이루어졌다고 할 수 있습니다. 그때 바오로는 바르나바의 초청을 받아 함께 일하게 되면서(11,25), 교회에서 공식적으로 선교 사명을 받고 복음을 선포하기 시작합니다.

사도행전 본문에서 루카는 그리스도교를 새로운 "길"(*hodos*, 道)로 소개합니다(9,2). 이 길은 '주님의 길'이요, 주님의 수난과 죽음을 통한 '영원한 생명의 길'입니다(8,25-26; 19,19.23; 22,4; 24,22; 26,14).

그리스도인은 이 길을 따르는 주님의 제자들을 가리킵니다. 그들에게 '주님의 길'은 예수 그리스도의 뜻에 따르는 삶의 방향, 가치관, 태도 등을 뜻합니다.

### ① 1차 선교 여행

안티오키아 교회를 기반으로 바르나바, 그의 사촌 요한 마르코, 바오로는 선교 여행을 하며 다른 민족들을 많이 입교시켰습니다. 그러자 다른 민족 출신의 그리스도인에게도 유다교의 율법을 지키도록 요구할 것인지에 대해 논란이 커졌습니다. 그래서 사도 바오로와 바르나바는 49년경 예루살렘으로 가서 사도들과 함께 이 문제를 논의하고, 다른 민족 출신의 그리스도인들은 유다교 율법을 지킬 의무가 없다고 합의합니다(갈라 2,6 참조). 그리하여 그리스도교는 유다교와 구분되는 고유한 정체성의 기틀을 마련합니다.

**바오로 사도의 선교 여행**

그리스도교가 유다교의 한 종파로 인정되었을 경우와 달리 독립된 종교가 된다는 것은 더는 로마제국이 유다 민족의 종교로서 보호해 주지 않는다는 것을 의미했습니다. 그래서 그리스도교는 후에 로마에서 박해를 받게 됩니다.

### ② 2-3차 선교 여행

2차 선교 여행 때 사도 바오로는 바르나바와 갈라집니다. 그는 소아시아(현재의 터키 일대)에서 선교하다가 마케도니아로 가라는 계시를 받고 선교 여행을 계속하여 필리피, 테살로니카, 베로이아, 코린토에 교회 공동체를 형성시킵니다. 3차 선교 여행 때는 선교지 교회를 둘러보는 가운데 에페소에서 27개월 동안 머물면서 복음을 전합니다.

사도 바오로는 직접 일하면서 선교하였지만, 그가 계속 선교할 수 있도록 유일하게 물심양면으로 후원한 필리피 교회의 호의는 기쁘게 받았습니다.

바오로의 순교, 1255년경, 미사 경본 세밀화,
성 프란치스코 대성당 박물관, 아시시.

## 4) 예루살렘에서 로마로(21,17-28,31)

사도 바오로는 선교 여행에서 돌아와 예루살렘 성전에 갔다가 아시아 출신 해외 유다인들의 난동으로 로마군에게 체포되어 투옥됩니다. 그후 바오로는 총독의 재판이 자신에게 불리하게 진행되자 로마 시민권을 내세워 황제에게 상소합니다(25,1-12). 로마 시민권자는 정당한 절차 없이 체포당하지 않고, 억울할 경우에는 황제에게 상소할 수 있는 권리를 지녔습니다. 그리하여 '말씀의 길'은 예루살렘에서 시작하여 로마로, 유다인에서 시작하여 이방인들에게 뻗어 나가게 되었습니다.

사도 바오로, 9세기, 사본 세밀화, 뷔르템베르크 주립도서관, 슈투트가르트.

# 서간 전체 보기

# 1. 서간이란?

신약성경 27권 중에 '서간' 형태의 성경이 모두 21권입니다. 구약성경에도 간혹 서간 형식의 내용이 들어 있지만, 신약성경처럼 독립적으로 큰 비중을 차지하지 않습니다.

고대부터 나라 사이의 공문서로, 또는 임금이나 관료, 상인 등 개인이 서로 의사를 전달하기 위하여 편지를 주고받는 예는 흔하였습니다. 고대 이스라엘에서도 편지는 통용되었고 성경에 수록되기도 하였습니다(2사무 11,14-15; 1열왕 21,8-10; 2열왕 5,5-6; 에즈 4,11-16; 에스 9,20; 바룩 6장; 1마카 5,10-13 등).

그런데 헬레니즘 시대에 접어들면서 편지 형태가 하나의 문학 유형으로 자리 잡게 되었습니다. 즉 개인이나 단체 간에 자유롭게 의사를 전달하는 편지 외에, 동시에 많은 사람을 대상으로 자신의 사상을 밝히는 데도 편지 형태를 사용했습니다. 특히 그리스-로마 철학자들이 이런 편지 형태를 즐겨 썼습니다. 그래서 개인적 성격의 편지를 '편지(Letter)'로, 공공적 성격의 편지를 '서간(Epistle)'으로 구분하기도 합니다.

사도 바오로는 선교 여행 중에, 자신을 통해 형성된 공동체와 지속적 관계를 맺으면서 그들의 믿음을 굳건히 하기 위해 여러 차례 편지를 보냈습니다. 그는 한 개인에게 편지를 보낸 적도 있지만, 대부분 사도요 선교사로서 해당 지역의 교회 공동체를 염두에 두고 편지를 썼습니다. 따라서 단순한 개인 편지가 아니라, 복음을 전하고 구체적 삶에서 복음을 실천하는 길을 제시하고 널리 전하는 '사도적 매체'로 활용하였습니다.

이런 바오로의 편지가 모범이 되어 후대 그리스도인들도 같은 형태로 자신들의 신앙을 체계 있게 표현하고 발표하였습니다. 신약성경의 서간은 바오로의 단순한 편지 형태(예: 테살로니카 1서)에서 점차 신학적 메시지를 담은 서간 형태(예: 히브리서)로 나아갔다고 볼 수 있습니다.

# 2. 서간의 분류

신약성경에 나오는 서간을 필자와 성격에 따라 구분하면 다음과 같습니다. 그 가운데 바오로의 서간으로 나오는 열네 통은 크게 둘로 구분됩니다(옥중 서간, 사목 서간 등의 이름은 학계에서 18세기에 분류하여 붙인 것입니다).

<table>
<tr><th colspan="2">바오로 서간(14통)</th><th>공동(가톨릭) 서간(7통)</th></tr>
<tr><td>직접 쓴<br>서간(7통)</td><td>테살로니카 1서<br>갈라티아서<br>코린토 1서·2서<br>로마서<br>필리피서<br>필레몬서</td><td rowspan="2">베드로 1서·2서<br>유다서<br>야고보서<br>요한 1서·2서·3서</td></tr>
<tr><td>바오로의<br>이름을<br>빌려 쓴<br>서간(7통)</td><td>테살로니카 2서(?)<br>콜로새서<br>에페소서<br>티모테오 1서·2서<br>티토서<br>히브리서</td></tr>
</table>

* **옥중 서간:** 필리피서, 필레몬서, 콜로새서, 에페소서
바오로가 감옥에 있을 때 보낸 편지라 하여 이름을 붙였습니다.

* **사목 서간:** 티모테오 1서·2서, 티토서
서간의 내용이 교계 제도와 사목자의 역할을 다루었기 때문에 이런 이름이 붙었습니다.

* **공동 서간:** 특정한 수신인이 아니라 모든 교회의 구성원에게 보낸 서간, 또는 모든 교회에서 인정된 서간이라는 뜻에서 공동(catholic)이라는 이름이 붙었습니다.

※ 성경에서 서간은 저자별, 성격별로 구분한 뒤 분량에 따라 배열한 것으로 보입니다.

# 3. 서간의 형식과 저술 방법

로마 시대의 이집트에서 사용된 펜과 검정 잉크

## 1) 형식

바오로의 편지 형식은 당대에 널리 쓰이던 그리스-로마 형식에 히브리식 요소를 보탰습니다.

① 시작하는 말: 인사

예) "바오로(와 동료들의 이름)가 … 에 있는(장소) 누구에게 인사합니다."
하느님의 선물 축원: "은총과 평화(히브리식 인사)가 여러분에게 내리기를 빕니다."

② 본문: 감사의 말로 시작합니다.

바오로가 전하고 싶은 핵심 메시지를 소개합니다.

주로 앞부분에는 교의적 가르침, 뒷부분에는 그리스도인의 행실에 대한 지침을 내립니다.

③ 마치는 말: 끝인사

바오로 개인의 소식이나 특정인에 대한 충고를 적습니다.
마지막으로 축복의 말을 전합니다.

### 2) 저술 방법

① 본인이 직접 쓴다.
② 내용을 한 글자씩 불러 주어서 다른 사람(서기 등)이 받아쓴다(로마 16,22 참조).
③ 주요 내용을 불러 준 다음 서기가 나머지 문장을 완성한다.
④ 자기 밑에 서기를 두어 주제와 방향만 일러 주고 자기 이름으로 편지를 쓸 수 있게 한다.

이 가운데 가장 널리 쓰인 방식은 ①번과 ③번입니다. 사도 바오로도 그렇게 했다고 봅니다.

## 4. 서간의 저술 시기

서기 30/33년경: 예수님의 죽음과 부활
33/36년경: 바오로의 회심
46년경: 1차 선교 여행(-49) - 바오로와 바르나바
50년경: 2차 선교 여행(-52), 코린토 체류(50/51) - 테살로니카 1서 저술
54년경: 3차 선교 여행(-58) - 코린토 1·2서, 필리피서, 필레몬서, 갈라티아서 저술
58년경: 로마서 저술, 바오로의 체포 및 감옥 생활(3년 정도), 60년 가을에 카이사리아 출발
61년 봄?: 바오로, 로마에 도착, 가택 연금 생활(2년 정도)
63/65년경?: 사도 바오로, 베드로의 순교
70-80년경: 콜로새서 저술 추정
70-90년대: 에페소서, 히브리서, 야고보서, 베드로 1서 저술 추정
90-100년경: 티모테오서, 티토서, 요한 1·2·3서, 유다서 저술 추정
100-125년경: 베드로 2서 저술 추정

# 로마 신자들에게 보낸 서간

### 32주간

제5일: 로마 1,1-3,31
(시편 17,4-5)

제6일: 로마 4,1-7,25
(시편 18,17-24)

### 33주간

제1일: 로마 8,1-10,21
(시편 16,10-11)

제2일: 로마 11,1-13,14
(시편 37,3-8)

제3일: 로마 14,1-16,27
(시편 122,1-9)

# 1. 입문

## 1) 책의 이름

로마 신자들에게 보낸 서간은 신약 성경에 여섯 번째, 서간 중에서 첫 번째로 나오는 성경입니다. 초기 사본에는 단순하게 그리스어로 '프로스 로마이우스(로마인들에게)'라는 제목이 붙었는데, 후대에 '복된 사도 바오로가 로마인들에게 보낸 서간'이라는 정중한 이름이 붙었습니다(라틴어 성경 이름 참조). 《성경》에서는 로마인이 실제로는 로마 (교회의) 신자들을 가리키므로 '로마 신자들에게 보낸 서간'으로 이름을 정했습니다. 총 16장으로 바오로 서간 중에서 분량이 가장 많습니다.

## 2) 저자와 저술 동기

로마서를 쓴 사람은 사도 바오로입니다. 바오로는 그리스도를 믿게 된 뒤 20년 넘게 지중해 동부의 여러 지역에서 복음을 전하였습니다. 그는 아직 복음을 모르는 사람들에게 구원의 기쁜 소식을 전하고 싶은 열정으로, 로마를 거쳐 지중해 서부 에스파냐까지 가서 복음을 전할 생각을 품었습니다. 그러한 선교 계획 아래 로마 교우들의 후원을 얻고자 이 서간을 띄우게 되었습니다.

당시 로마에는 이미 신앙 공동체가 형성되어 있었습니다. 제국의 여러 지역에서 이주해 온 사람들이 로마에 살고 있었는데, 그중에 노예로 끌려온 유다인

이방인의 사도 바오로, 12세기, 프레스코, 카탈루냐 미술관, 바르셀로나.

들에 의해 그리스도교가 전파되었을 것으로 여깁니다.

로마서는 사도 바오로가 선교 활동 말기에 집필한 서간이라 죄와 은총, 하느님의 의로움, 구원, 믿음과 율법, 성령 등에 대한 바오로의 신학 사상이 잘 정리되어 있습니다. 그러나 바오로가 자신의 신학 사상을 다 망라하여 저술한 것도 아닐 뿐더러, 신학서나 교리서로 쓴 것도 결코 아닙니다.

### 3) 저술 연대 및 장소

사도 바오로는 이 서간을 가이오스의 집에서 썼는데, 그 집주인의 이름이 코린토에서 바오로에게 세례를 받았던 가이오스와 같습니다(16,23ㄱ; 1코린 1,14). 또 바오로가 코린토의 항구인 켕크레애 교회의 봉사자 포이베를 추천하는 점으로 미루어(16,1), 로마서는 57-58년경에 코린토에서 쓰였으리라 여겨집니다.

### 4) 구조

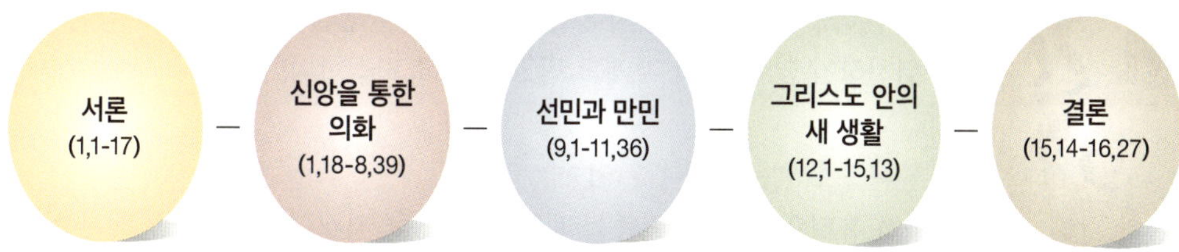


## 2. 내용

### 1) 머리말(1,1-17)

사도 바오로는 시작 인사에서 자신의 신원을 정확히 밝힙니다. "그리스도 예수님의 종으로서, 사도로 부르심을 받고 하느님의 복음을 위하여 선택을 받은 바오로가 이 편지를 씁니다"(1,1). 여기서 복음이란 하느님께서 구약의 예언자들을 통하여 약속하신 것으로 하느님의 아들 예수 그리스도에 관한 소식입니다. 복음 선포는 하느님의 능력으로 이루어지는 것이기에 또 하나의 구원 사건이 된다는 것이, 사도 바오로가 선교 체험에서 얻은 확신입니다.

복음은 만민의 구원을 위한 것입니다. 그러기에 사도 바오로는 "그리스인들에게도 비그리스인들에게도, 지혜로운 이들에게도 어리석은 이들에게도"(1,14) 복음을 선포해야 할 책임을 지고 있다고 말하여, 누구에게나 복음을 전해야 한다고 분명히 밝힙니다. 또 구원을 가져오는 것은 율법이 아니라 '믿음'이라고 확언합니다. "복음은 먼저 유다인에게 그리고 그리스인에게까지, 믿는 사람이면 누구에게나 구원을 가져다주는 하느님의 힘이기 때문입니다"(1,16).

## 2) 믿음을 통한 의화(1,18-8,39)

예수(위)와 이사악의 희생, 1360년경, 성경 세밀화, 주립도서관, 헤센.

### ① 다른 민족들과 유다인에 대한 하느님의 의로움(1,18-3,20)

하느님의 의로움이란 일차적으로는 법정에서 내리는 공정한 판결을 뜻합니다. 창조된 피조물과 인간의 양심을 통해서 하느님을 아는 길이 모두에게 열려 있는데도, 하느님을 알아뵙지 못하고 헛된 행동을 일삼는 이들은 하느님의 의로운 심판을 받을 수밖에 없다고 말합니다. 유다인들도 인간의 자유를 지켜 주는 율법을 받았지만 그 정신에 따라 율법을 충실히 실천하지 않아 죄의 지배를 받고 있다고 지적합니다.

### ② 믿음으로 얻는 구원(3,21-4,25)

이처럼 유다인과 다른 민족들이 모두 잘못을 저질렀으나 하느님께서는 인간을 단죄하시기보다 새로운 구원의 길을 열어 주신다고 일러 줍니다. 심판이 아니라 자비를 통해 드러나는 하느님의 의로움은 우리의 죄를 대신해서 예수 그리스도를 희생시키는 구속 행위에서 잘 나타납니다. 예수 그리스도를 믿음으로써 하느님과 올바른 관계를 맺는 것이 바로 하느님께서 우리를 위하여 마련하신 새로운 구원 경륜입니다.

### ③ 아담과 그리스도(5,1-7,25)

아담을 통해 죄가 세상에 들어왔고 죄를 통해서 죽음이 들어왔지만, 예수 그리스도의 의로운 행위로 모든 사람이 의롭게 되어 생명을 받았다고 밝힙니다. 그리하여 예수 그리스도와 하나 되는 세례를 받은 그리스도인은 죄와 율법에서 해방되어 은총 아래에서 살게 되었습니다. 그런데도 바오로는 자신의 지체 안에서 죄의 법과 이성의 법이 대결하고 있다고 솔직하게 고백합니다.

### ④ 성령을 따라 사는 새로운 삶(8,1-39)

하느님의 영은 그분에게서 나와 활동하는 신적 힘입니다. 따라서 바오로는 사람이 육에 따라 살지 않고 성령의 인도를 받으면 거룩하게 살아갈 수 있다고 가르칩니다. 나약한 우리를 도와주시는 성령과 우리를 사랑하시는 분의 도움에 힘입어, 우리는 어떠한 환난과 역경에서도 성령께서 주시는 생명과 평화를 누릴 수 있고 희망할 수 있다고 힘주어 선포합니다.

생명을 주시는 성령, 13세기, 복음서 세밀화,
바스라인 주립도서관, 알자스.

## 3) 선민과 만민(9,1-11,36)

사도 바오로는 동족 유다인이 복음을 받아들이지 않았다는 사실에 대해 큰 슬픔을 느꼈습니다. 오랫동안 구세주를 기다려 왔으면서도 막상 그분이 오셨을 때 그분을 알아보지 못한 사실을 두고, 사도 바오로는 로마 공동체에 속한 많은 유다인에게 하느님과 이스라엘 백성의 관계를 깊이 성찰하도록 초대합니다.

사도 바오로에 의하면 이스라엘은 하느님의 자비를 한몸에 받은 백성입니다. 하느님과 맺은 계약이 있고 율법과 예배가 있으며 그들의 역사 안에 하느님께서 살아 계십니다. 따라서 비록 지금은 예수님을 주님으로 받아들이지 않고 있지만 끝내는 하느님의 자비에 힘입어 온 이스라엘이 구원되리라고 희망합니다. 아울러 참올리브나무에 접붙여진 다른 민족들은 구원의 길로 초대하신 하느님의 은총에 감사하며 자만하지 말라고 촉구합니다.

## 4) 그리스도 안의 새 생활(12,1-15,13)

사도 바오로는 첫머리에서 "여러분의 몸을 하느님 마음에 드는 거룩한 산 제물로"(12,1) 바치라고 권유합니다. 이스라엘은 계약을 맺어 사제의 직책을 맡은 거룩한 하느님의 백성이 되고 예배 공동체가 되는 소명을 받았기 때문입니다(탈출 19-24장). 즉 이스라엘은 삶 전체로 하느님을 흠숭하고 하느님께 예배를 드려야 하는 공동체입니다.

신약의 이스라엘도 전례를 거행하며 사제 역할을 수행하는 백성입니다. 그들은 그리스도의 사제직에 참여하여 그리스도와 함께 새로운 영적 제사를 바칩니다. 구약시대에는 짐승을 제물로 드렸지만, 이제는 예수님을 본받아 자기의 의지를 봉헌하고 자기 일생을 제물로 바치는 것입니다.

하느님 마음에 드는 산 제물이 되려면 이웃에게 사랑을 실천해야 합니다. 사람을 성장시키는 것은 사랑입니다. 그리고 사랑이야말로 율법의 완성입니다.

단테를 하늘로 인도하는 베아트리스(사랑),
16세기, 《신곡》 세밀화, 국립도서관, 파리.

## 5) 맺음말(15,14-16,27)

사도 바오로는 다른 민족들을 위한 예수님의 종으로서, 하느님의 은총에 힘입어 넓은 지역에 그리스도의 복음을 전하는 사제직을 수행해 왔다고 다시 고백합니다. 그는 그리스도가 아직 알려지지 않은 곳에 복음을 전하는 것을 자신의 소명이라고 밝히고, 로마에 들렀다가 에스파냐로 떠날 계획을 밝힙니다. 끝으로 사도 바오로는 자신이 알고 있는 로마 교우들의 이름을 스물여섯 명이나 구체적으로 불러 가며 끝인사를 합니다.

# 코린토 신자들에게 보낸 첫째 서간

## 33주간

제4일: 1코린 1,1-2,16
(시편 37,29-31)

제5일: 1코린 3,1-5,13
(시편 75,1-11)

제6일: 1코린 6,1-7,40
(시편 30,1-13)

## 34주간

제1일: 1코린 8,1-11,1
(시편 96,1-13)

제2일: 1코린 11,2-14,40
(시편 66,8-9)

제3일: 1코린 15,1-16,24
(시편 19,8)

# 1. 입문

## 1) 책의 이름

코린토 신자들에게 보낸 첫째 서간은 신약성경에 일곱 번째, 서간 중에서 두 번째로 나오는 성경입니다. 초기 사본에는 단순하게 그리스어로 '프로스 코린티우스(코린토인들에게)'라는 제목이 붙었는데, 후대에 '복된 사도 바오로가 코린토인들에게 보낸 서간'이라는 정중한 이름이 붙었습니다. 《성경》에서는 코린토인이 실제로 코린토 (교회의) 신자들을 가리키므로 '코린토 신자들에게 보낸 서간'으로 이름을 정했습니다. 총 16장으로 바오로 서간 중 로마서 다음으로 분량이 많습니다.

## 2) 저자와 저술 동기

코린토 신자들에게 보낸 첫째 서간 역시 사도 바오로가 직접 쓴 편지입니다. 코린토는 바오로가 제2차 선교 여행 중 50-52년에 적어도 1년 6개월 동안 머물며 하느님의 말씀을 선포하여 유럽에서 네 번째로 교회를 세운 곳입니다(사도 18,11). 그래서 바오로는 그곳 교회에 남다른 애정을 쏟았습니다. 그런데 제3차 선교 여행을 떠나 에페소에 들렀을 때, 바오로는 코린토 교회에서 벌어지는 불미스러운 소식을 전해 들었습니다. 그래서 그들이 겪는 문제에 대해 바른 가르침을 주어 공동체를 바로 세우기 위하여 급히 편지를 띄우게 되었습니다. 첫 번째로 보낸 편지는 전해지지 않고(5,9) 두 번째로 보낸 편지가 코린토 1서입니다.

바오로 사도는 여기서 '주님의 만찬 전승'(11,23-26)과 '사랑의 찬가'(13장), '그리스도 부활 전승'(15,3ㄷ-5) 등 다른 서간에 나오지 않는 귀한 가르침을 담아 교회 공동체가 갖추어야 할 모습을 제시합니다.

## 3) 저술 연대

이 서간을 쓴 구체적 연도는 알 수 없습니다. 다만 제2차 선교 여행이 끝난 52년부터 제3차 선교 여행이 끝난 58년 사이에 집필되었을 것으로 추정합니다. 이 서간을 쓰기 전에도 편지를 띄웠다는 기록(5,9)과 파스카 축제를 시사하는 내용(5,7-8)이 들어 있는 것으로 보아, 54년 봄쯤에 에페소에서(16,8) 썼을 가능성이 큽니다.

## 4) 구조

제1부 코린토 교회의 분열과 그릇된 표양(1-6장)
제2부 코린토인들이 겪는 문제에 대한 답변(7-15장)
제3부 맺음말과 축복 기도(16장)

코린토 부근 지도

# 2. 코린토 시市

로마 시대에 포장된 레카이온 도로로 뒤에 아크로코린토가 있다 (사진: 김병학).

## 1) 역사와 지리적 특성

코린토는 그리스 본토와 펠레폰네소스반도를 연결하는 이스트모스 지협(폭 5,950m)의 남쪽에 위치해 있습니다. 에게해와 아드리아해를 동서로 잇는 지리적 위치로 말미암아 에스파냐, 로마 사람들이 동쪽으로 여행하고 팔레스티나, 시리아, 아시아인들이 서쪽으로 여행하는 동서 해상로의 관문 역할을 했습니다. 또 남북으로는 육지와 연결되어 있어 통상 및 교통의 요충지였습니다.

이러한 지리적 여건 때문에 코린토는 일찍부터 상업 도시로 크게 번창하였습니다. 기원전 3세기에 아카이아 동맹의 주축으로 로마와 싸우다가, 기원전 146년에 완전히 파괴되었습니다. 기원전 44년에 로마는 코린토를 식민시로 재건하였고, 기원전 27년에는 아카이아 주의 수도로 정했습니다. 코린토 시는 짧은 기간에 급격히 부흥하여, 바오로 시대에는 그리스 일대에서 가장 큰 도시로 자리 잡았습니다.

### 2) 사회 환경의 특성

신흥 상업도시이자 항구도시였던 코린토는 경제적으로 부유하였으나 빈부의 차가 심했으며 사회 분위기도 혼잡하였습니다. 동서 문화가 만나는 곳이어서 종교도 자연히 혼합주의의 성격을 지녔는데, 특히 풍요의 신들을 널리 섬겼습니다. 대표적 예가 도시의 가장 높은 언덕(아크로코린토, 575m) 위에 있던 유명한 아프로디테 신전이었습니다. 이 신전에는 천 명에 달하는 신전 창녀가 있었다고 전합니다.

고대 지중해 일대에서 코린토식 생활이라면 곧 문란한 생활을 의미했을 정도로 코린토 시는 방종한 도시로 이름났습니다. 이러한 성 윤리의 타락에 대해 바오로 사도도 몇 가지 불륜 사실을 들어 책망하고 있습니다(5-6장). 또 고대 그리스 시절부터 코린토에서 열렸던 큰 운동경기도 부흥하여 다시 행해지고 있었습니다. 바오로는 이 경기를 예로 들어 가르칩니다(9,24-27 참조).

## 3. 내용

### 1) 코린토 교회의 분열과 그릇된 표양(1-6장)

바오로는 자신이 하느님의 뜻에 따라 부르심을 받은 사도라고 밝히면서, 코린토 신자들이 그리스도 안에서 말과 지식을 풍부하게 가지게 되었음을 지적합니다(1,1-5). 그리스인들은 '말'과 '지식'을 추구하며 수사학을 발달시켰습니다. 그렇지만 '말재주'(1,17)인 수사학에 머물러서는 바오로 편, 베드로 편, 아폴로 편, 그리스도 편 등으로 갈라질 뿐이라는 것을 명확하게 지적합니다(1,12-17).

디오니소스 신의 머리와 장식,
코린토의 로마인 집, 바닥 모자이크, 코린토 박물관.

설사 자신에게 익숙한 문화를 넘어서지 못해서 예수님께서 처형되신 십자가가 걸림돌이나 어리석음으로 다가올 수 있겠지만, 십자가 안에서 하느님의 능력과 지혜를 읽어 내고 받아들일 수 있어야 참된 그리스도인이 될 수 있다고 역설합니다(1,23-24). 더군다나 각자의 몸은 하느님의 영이 거처하는 하느님의 성전이므로(3,16-17) 몸의 성전을 더럽히는 음행을 삼가고(5장; 6,12-20), 교우들끼리의 송사도 이교인의 법정으로 끌고 가지 말고 자체적으로 해결하기를 촉구합니다(6,1-11).

## 2) 코린토 신자들이 겪는 문제에 대한 답변(7-15장)

당대에는 여러 철학 사조가 서로 다른 가르침을 전하는 데다, 그리스도교의 가르침 역시 확립되어 있지 않아 그리스도인으로서 올바르게 살아가기가 쉽지 않았습니다. 사도 바오로는 새로 신자가 된 이들이 겪고 있는 문제들을 조목조목 짚어 가며 필요한 지침을 일러 줍니다.

① 결혼에 관련된 문제(7장): 사도 바오로는 우선 금욕주의자들의 가르침에 맞서서, 결혼은 성생활의 무질서를 피하기 위하여 꼭 필요한 제도라고 일깨웁니다. 다만 결혼한 사람은 결혼에 따른 의무를 수행해야 하며, 외교인 배우자 및 결혼해서 낳은 자녀도 신앙을 가진 배우자로 말미암아 거룩해진다고 밝힙니다(7,1-16). 독신으로 지내고 싶은 사람은 주님을 위한 일에 더욱 열성을 쏟을 수 있으므로 그것 또한 합당하다고 권유합니다(7,25-38).

② '우상에 바친 고기'를 먹는 문제(8,1-11,1): 당대에는 짐승을 잡아 제사를 지낸 다음에 판매하였습니다. 따라서 우상 앞에 제사 드린 고기를 그리스도인이 먹어도 되는지 여부가 문제로 대두되었습니다. 사도 바오로는 먹어도 무방하지만 믿음이 약한 이를 배려해서 처신하라고 일러 줍니다.

③ 성찬례에 관하여(11,17-34): 바오로는 성찬례에 함께 참여하는 가난한 신자들을 부끄럽게 하면서까지 부유한 신자들끼리 미리 먹고 마시는 것은 주님의 만찬이 아니라고 냉철하게 지적합니다.

④ 성령의 은사에 관하여(12-14장): 아울러 교회에는 하느님께서 주신 은사가 많지만, 그중에서 가장 중요한 것은 사

랑이라면서 사랑의 공동체를 이루어 나가기를 촉구합니다.

⑤ 부활에 관하여(15장): 끝으로 바오로 사도는 그리스도 신앙의 핵심인 부활 교리를 가르칩니다. 살과 피는 하느님의 나라를 상속받을 수 없다는 말씀(15,50)에서 잘 드러나듯이, 육신 부활은 우리가 현재 취하고 있는 육신이 그대로 재생되는 것을 뜻하지 않습니다. "물질적인 몸으로 묻히지만 영적인 몸으로 되살아납니다"(15,44)는 말씀에서 볼 수 있듯, 분명히 '몸'을 지닌 부활이지만 지금의 자연적 차원과는 다른 '영적' 몸으로 변화됨을 역설합니다.

몸의 부활, 15세기, 시간경 세밀화, 까르페트라 도서관.

### 3) 맺음말과 축복 기도(16장)

바오로 사도는 경제적 어려움을 겪고 있는 예루살렘 성도를 위해 벌이는 모금 운동에 특별한 관심을 보였습니다. 그는 모금 운동을 통해서 예루살렘 모교회에 존경심을 표시하고, 모든 그리스도인이 새로운 하느님 백성으로서 일치와 친교를 나누기를 바랐던 것입니다.

바오로 사도는 편지를 마치면서 여러 가지 문제로 무질서하고 복음의 근본정신이 사라지는 듯 보이는 코린토 신자들에게 몇 가지 중요한 삶의 지침을 제시합니다. 그리스도인들의 믿음을 위협하는 모든 것에 대비하여 깨어 있어야 하며, 확고한 믿음을 지닌 참그리스도인이 되려면 무엇보다 사랑에 근거를 두어야 한다고 일깨워 줍니다. 그리고 자신도 문제가 많은 코린토 신자들을 끌어안으며 사랑한다고 이야기하여 본을 보입니다. 마지막으로 그들을 축복하는 기도를 드립니다.

"나는 그리스도 예수님 안에서 여러분 모두를 사랑합니다"(16,24).

# 코린토 신자들에게 보낸 둘째 서간

## 34주간

제4일: 2코린 1,1-3,18
(시편 25,12-14)

제5일: 2코린 4,1-7,16
(시편 116,12-19)

제6일: 2코린 8,1-9,15
(시편 147,1-14)

## 35주간

제1일: 2코린 10,1-13,13
(시편 16,7-8)

# 1. 입문

## 1) 책의 이름

코린토 신자들에게 보낸 둘째 서간은 신약성경에 여덟 번째, 서간 가운데 세 번째로 나오는 성경입니다. 초기 사본에는 단순하게 그리스어로 '프로스 코린티우스 베타(코린토인들에게, 두 번째)'라는 제목이 붙었는데, 후대에 '복된 사도 바오로가 코린토인들에게 보낸 두 번째 서간'이라는 정중한 이름이 붙었습니다(라틴어 성경 이름). 총 13장입니다.

## 2) 저자와 저술 배경

사도 바오로가 직접 쓴 편지입니다. 바오로는 제3차 선교 여행 중에 코린토 교회에서 일어난 여러 문제를 해결하려고 편지 네 통을 띄웠습니다. 그중 세 통은 에페소, 마지막 한 통은 마케도니아에서 띄웠습니다.

거짓 사도들이 와서 코린토 교회와 바오로 사이를 이간하려 한다는 소식(10,1-12,13)을 들은 바오로는 곧 코린토 교회를 방문합니다(12,14; 13,1). 그러나 교회의 일치를 이루지 못한 채 에페소로 돌아와서, 번민하는 마음으로 울며 세 번째 편지를 써 보냈습니다. 흔히 '눈물의 편지'라고 불리는 이 편지가 완전히 유실되었다고 주장하는 견해도 있지만, 2코린 10-13장이 내용상 그 편지의 일부라고 보는 견해가 유력합니다.

그 뒤 바오로는 마케도니아에서 티토를 만나 코린토의 대다수 신자들이 바오로를 따른다는 소식을 전해 듣고 기쁜 마음으로 편지를 써 보냅니다. 이 네 번째 편지가 흔히 '화해의 편지'라 불리는, 오늘날의 코린토 2서 1-9장이라고 봅니다. 그러니까 코린토 2서는 56년에서 57년경에 쓰인 네 번째 편지(1-9장)에다 그것보다 약간 앞서 쓰인 세 번째 편지의 일부(10-13장)가 합하여 형성되었다고 추정하는 학자들이 많습니다.

코린토 서간의 저술 시기와 동기·특징 비교

| 구분 | 첫째 | 둘째 | 셋째 | 넷째 |
|---|---|---|---|---|
| 시기 | 제3차 선교 여행(54년경) | 54년경 | 54-57년 | 56/7년경 |
| 장소 | 에페소 | 에페소 | 에페소 | 마케도니아 |
| 상태 | 분실 | 코린토 1서 | 분실(일부: 2코린 10-13장) | 2코린 1-9장 |
| 동기 | 불륜을 저지르는 자들과 상종 금지 | 잘못된 행위 시정, 질의에 대한 응답 | 거짓 사도들의 소식을 듣고 자신의 사도성 변호 | 코린토 신자들이 회개하여 기뻐서 |
| 결과 | 변화 없음 | 모금 활동 | 신자들 회개(7,7-11) | 세 번째 방문 계획 |

## 3) 구조

① 바오로와 코린토 공동체의 화해(1-7장)
② 예루살렘 교회를 위한 모금(8-9장)
③ 바오로의 자기 변호(10-13장)

## 4) 서간의 특성

코린토 1서는 코린토 교회 신자들이 제기한 갖가지 물음에 사목적으로 응답하는 내용이라, 객관적 교리 서술에 가깝습니다. 반면에 코린토 2서는 자신의 사도직을 위협하는 적대자들에게 대항하여 자신을 변호하는 내용이라, 주관적이고 감동적인 설교라 할 수 있습니다.

코린토 1서와 2서 비교

| 구분 | 코린토 1서 | 코린토 2서 |
|---|---|---|
| 형식 | 객관적, 실제적 | 주관적, 개인적 |
| 특성 | 초대교회의 특성을 보임 | 바오로의 성격과 사도직 |
| 내용 | 사려 깊은 훈육 | 감동적인 설교 |
| 목적 | 이교도 생활에 대한 경고 | 유다주의에 대한 경고 |

## 2. 사도 바오로의 모습

사도 바오로, 15세기, 러시아 이콘,
루블료프 박물관, 모스크바.

코린토 2서에서 사도 바오로는 기쁨과 슬픔, 노여움과 즐거움이 자주 엇갈리는 인간적 모습을 드러냅니다. 노여움에 가득 찬 편지를 쓰기도 하고 불의한 사람을 책망하는가 하면, 기쁜 소식을 듣고서는 환희에 사로잡혀, 격분했던 자신의 모습을 후회합니다. 그런 바오로 사도의 모습은 다음과 같습니다.

① 감정이 풍부하고 자기 감정을 조절할 수 있는 사람
② 비난자와 친구를 많이 가진 사람
③ 병약한 육체와 볼품없는 외모를 지녔으나 지식이 풍부한 사람
④ 글에 힘이 있으나 말주변은 없는 사람
⑤ 솔선하여 일하고 이웃과 교회에 누를 끼치지 않는 사람
⑥ 모든 고난과 위험과 고통을 그리스도 안에서 감수할 줄 아는
진정한 선교사
⑦ 깊은 영적 체험을 한 사람

## 3. 내용

### 1) 바오로와 코린토 공동체(1-7장)

바오로는 거짓 선교사들이 있다는 소식을 듣고 계획을 변경하여 코린토를 먼저 방문하였습니다. 그러나 배척과 모욕을 받고는 에페소로 돌아왔습니다. 그는 필리피에 들렀다가 다시 방문하겠다고 하였으나, 아직도 그를 반대하는 사람들이 많다는 소식을 듣고 방문 일정을 연기하였습니다. 이로 말미암아 비난을 받자, 바오로는 코린토 신도들을 사랑하기 때문에 그들에게 오히려 상처를 줄까 봐 일정을 조절했다며 누누이 말하고 있습니다(1,15-24).

아울러 코린토를 방문했을 때 자신에게 잘못한 사람을 바오로 자신이 용서했으니 코린토 신자들도 그를 용서하

사도는 용서와 일치를 권고한다, 15세기, 성가집 세밀화, 크레모나 대성당.

라고 권유합니다(2,5-11). 용서는 하느님의 성품이며, 그분을 따르는 그리스도인들이 본받아야 한다는 것입니다.

또한 추천서도 없는 바오로는 사도가 아니라고 비난하며 자신을 내세우는 사람들을 겨냥하여, 바오로는 코린토 교회의 신자들이 자신의 추천서요 그리스도께서 써 주신 추천서라고 변호합니다(3,1-18). 이렇듯 바오로는 자신이 하느님과 성령으로부터 사도직을 받았으며, 그 증거가 바로 코린토 신자들이라고 강력하게 주장합니다.

바오로는 모세를 예로 들어 구약의 봉사직과 신약의 봉사직의 차이를 비교합니다. 모세의 얼굴에 나타난 광채는 잠정적인 것에 불과한 반면, 신약의 봉사직은 자유와 진리와 영의 봉사직으로 구약을 초월한다고 일러 줍니다. 그리스도를 통한 주님의 영광은 봉사 직분에 있는 이들의 인간적 약점과 비천함에도 불구하고 여전히 빛나며, 사도 바오로의 몸에서 예수님의 생명이 환히 밝아지기만 합니다(3,7-4,18).

바오로는 살아 있는 동안에 주님을 만나기를 원했지만, 그 소망까지 초월한 모습을 보여 줍니다. 지상의 천막집이 무너지면 하늘에 있는 영원한 집으로 간다면서, 하느님께서 영을 주시어 보증해 주셨으므로 언제나 마음이 든든하다고 이야기합니다. 살든지 죽든지 고난을 당하든지 언제나 주님과 함께하는 봉사자들은 모든 것을 하느님께 맡기고 죽음까지 초월해야 한다고 권유합니다(5,1-6,10).

바오로는 코린토로 보냈던 티토가 돌아와, 코린토 신자들이 뉘우쳤다는 말을 전하자 크게 기뻐합니다. 이는 사목자의 기쁨이 오직 신자들의 회개와 열성으로부터 온다는 것을 잘 보여 줍니다(7,5-16).

**"이 계약은 문자가 아니라 성령으로 된 것입니다. 문자는 사람을 죽이고 성령은 사람을 살립니다"(3,6).**

## 2) 예루살렘 교회를 위한 모금(8-9장)

바오로는 예루살렘 교회를 위해 모금하면서, 이것이 모교회인 예루살렘 교회와 일치하고, 형제애를 구체적이고 실질적으로 드러내는 일이라고 해석합니다. 그리스도는 우리를 위하여 스스로 가난하게 되셨기에 모든 희사는 자진해서 하는 것이라야 한다고 지적합니다. 헌금의 정도는 제 분수대로, 아니 그 이상이라도 힘껏 희사하되 기쁜 마음으로, 참사랑으로 해야 한다고 지침을 내립니다(1코린 16,1-4; 갈라 2,10; 로마 15,25-28 참조).

과부의 헌금, 10세기, 오토 3세 성경 세밀화, 바이에른 주립도서관, 뮌헨.

## 3) 바오로의 자기 변호(10-13장)

바오로는 자신이 말주변도 없고 약하다고 험담하는 반대자들을 거슬러 격렬한 논쟁을 다시 시작합니다. 적수들과 코린토 신자들에게 수모를 받은 바오로는 격분을 참지 못하고 본의 아니게 자기가 한 일과 그 안에 담긴 진실을 솔직하게 드러냅니다(11,1-12,13).

바오로는 자신을 낮추며 하느님의 기쁜 소식을 전했고, 코린토 교회에는 조금도 누를 끼치지 않았다고 밝힙니다(11,5-15). 그리스도의 일꾼으로서 누구보다 많은 환난을 겪었음을 열거합니다(11,22-33).

이어 자기가 받은 심오한 환시와 계시에 대하여 언급합니다. 자기 변호를 위해 마지못해 이야기하지만, 이 일이 얼마나 어리석은지 잘 알기에 자기의 어리석음을 참아 달라고 코린토 신자들에게 호소합니다(12,1-13). 그는 이 체험을 남 이야기하듯 전하고 있습니다(12,2-5).

끝으로 바오로는 자신의 세 번째 방문 계획을 말하면서 이번 방문에서도 무보수로 일할 것이라고 이야기합니다. 두 번째 방문 때처럼 낙심할 정도로 코린토 신자들이 분쟁과 거만과 불륜 중에 있지 않기를 요구하면서 참그리스도인답게 살기를 간구합니다. 그는 마침 기도로 자신의 편지를 끝맺습니다(13,1-13).

# 갈라티아 신자들에게 보낸 서간

## 35주간

제2일: 갈라 1,1-2,21
(시편 85,2-14)

제3일: 갈라 3,1-6,18
(시편 26,2-12)

# 1. 입문

## 1) 책의 이름

갈라티아 신자들에게 보낸 서간은 신약성경에서 아홉 번째, 서간 중에서 네 번째로 나오는 성경입니다. 초기 사본에는 단순하게 그리스어로 '프로스 갈라타스(갈라티아인들에게)'라는 제목이 붙었는데, 후대에 '복된 사도 바오로가 갈라티아인들에게 보낸 서간'이라는 정중한 이름이 붙었습니다. 《성경》에서는 갈라티아인이 실제로는 갈라티아 (교회의) 신자들을 가리키므로 '갈라티아 신자들에게 보낸 서간'으로 이름을 정했습니다. 총 6장으로 길지 않습니다.

## 2) 저자와 저술 배경

갈라티아 교회 신자들은 사도 바오로의 설교를 듣고 그리스도인이 되기로 중대한 결단을 내렸지만(3,20; 4,6), 계속해서 죄를 짓는 문제를 신앙 안에서 어떻게 해결해야 할지 고심했던 사람들입니다. 그때 갈라티아 교회를 방문한 유다계 선교사들은 구체적 생활 규범으로 유다교의 율법을 준수하라고 권유했습니다.

이로 말미암아 갈라티아 교회 신자들은 바오로가 선포한 복음에서 멀어졌습니다. 제3차 선교 여행 중이었던 바오로는 갈라티아 교회를 혼란에 빠트린 유다계 그리스도인들을 '거짓 형제들'이라 부르며(2,4), 그들의 주장을 단호하게 배격하는 서간을 보냅니다. 명백한 논거를 하나씩 들며 율법과 성령, 억압과 자유, 공로와 은총 등의 문제에서 성령과 자유와 은총을 택할 것을 촉구합니다. 아울러 그리스도께서 오시어 율법이 종결되었음을 강조하며 '복음의 진리'를 증언합니다(2,5.14).

이 서간은 율법주의로 기울어지는 경향이 교회 안에 있는가를 점검하게 하면서, 매 시대의 그리스도인들이 복음

정신에 맞게 살아가고 있는지 묻습니다. 그리스도교의 참된 교의를 수호하려는 열정과 신념으로 쓰인 이 편지는 영적 해방과 자유에 관한 대헌장이라고 할 수 있습니다.

복음을 선포하는 바오로, 14세기, 《역사적 성경》 세밀화, 왕립도서관, 코펜하겐.

### 3) 구조

머리말: 인사(1,1-5)
복음의 원천: 예수 그리스도가 계시하신 복음과 사도직(1,6-2,21)
복음의 옹호: 율법 준수가 아니라 믿음으로 얻는 구원(3,1-4,31)
복음의 적용: 그리스도인의 자유와 성령의 열매(5,1-6,10)
마침 인사: 권고와 축복(6,11-18)

## 2. 내용

### 1) 머리말(1,1-5)

사도 바오로는 편지를 띄우면서 대개 수신지 교회에 감사 인사와 더불어 은총과 평화를 빌어 주곤 합니다. 그런데 이 편지에서는 짧은 인사말을 전하면서 곧바로 문제의 핵심으로 들어갑니다.

"사람들에게서도 또 어떤 사람을 통해서도 파견된 것이 아니라, 예수 그리스도와 그분을 죽은 이들 가운데에서 일으키신 하느님 아버지를 통해서 파견된 사도인 나 바오로가, … 여러 교회에 인사합니다"(1,1-2).

바오로는 자신이 사도이며 그 직분을 하느님에게서 받았다는 사실을 명시하여, 갈라티아 교회에서 바오로의 사도직이 문제가 되었음을 시사합니다. 1,15에서도 "어머니 배 속에 있을 때부터 나를 따로 뽑으시어 당신의 은총으로 부르신 하느님"이라면서 자신의 사도직이 합법임을 거듭 옹호하는 것을 보면, 갈라티아 교회에서 사도의 권위를 얼마나 위협받았는지 엿볼 수 있습니다.

이어 그는 갈라티아 교회의 신자들에게 하느님 아버지와 그리스도에게서 오는 "은총과 평화"(1,3)를 기원합니다. 이런 기원은 신자들을 현혹시켜 그리스도의 복음을 변질시키려는 자들에게 저주를 빌었던 것과 대조를 이룹니다(1,8-9).

사도 바오로와 베드로, 12세기 모자이크, 몬레알레 대성당.

## 2) 복음의 원천: 하느님에게서 온 복음(1,6-2,21)

좀처럼 자기 이야기를 하지 않던 사도 바오로는 자신이 받은 사도직의 권위와 복음이 위협받자 이를 옹호하기 위해 그리스도인이 된 이력을 밝힙니다. 그는 자기 명예나 권위를 찾기 위해서가 아니라 자신이 선포하는 복음의 진리가 왜곡되지 않게 하기 위하여, 하느님에게서 사도직을 받았다고 주장합니다.

사도 바오로가 예수님을 만난 다음에 어떠한 사람과도 상의하거나 만나지 않은 것은, 부활하신 주님에게서 직접 사도의 사명을 받았음을 암시합니다. 그는 소명을 받은 지 3년이 흐른 뒤에야 예루살렘에 올라가서 케파(베드로)와 야고보를 만나 사도로 인정받았다고 밝힙니다. 그리고 주변 세계에 복음을 전하다가 14년이 지난 다음에 다시 예루살렘에 가서 그곳의 지도자들에게 다른 민족들을 위한 사도직을 인정받았다고 밝힙니다(2,9).

당시 예루살렘 교회의 지도자들은 할례 받은 유다인들을 대상으로 한 베드로 중심의 사도직을 인정하듯이, 다른 민족들을 위한 바오로와 바르나바의 사도직을 인정했습니다. 그러면서 그들에게 요청한 것은 오직 예루살렘의 가난한 교우들을 기억하여 모금하면서 모교회와 유대 관계를 지속해 달라는 것뿐이었습니다. 다시 말해 '다른 민족으로 그리스도인이 된 이는 유다교의 율법을 지킬 의무가 없다'는 것입니다.

바오로는 이에 관해 생생한 실화를 소개합니다. 베드로 사도는 이민족 출신인 안티오키아 신자들과 함께 식사하곤 하였는데, 야고보가 보낸 유다계 그리스도인들이 온 다음부터 그들과 거리를 두고 몸을 사렸다고 밝힙니다. 레

위기에 지시된 음식 규정을 지키려고 부정한 다른 민족들과 함께 식사하지 않았다는 것입니다. 이에 바오로는 복음의 진리가 할례뿐 아니라 음식 금기와 같은 유다교 율법에서의 자유, 곧 "그리스도 예수님 안에서 누리는 자유"(2,4)를 뜻한다며, 모든 사람 앞에서 베드로를 비판했습니다. "우리는 율법에 따른 행위가 아니라 그리스도에 대한 믿음으로 의롭게 된다"는 가르침을 강조합니다(2,16).

아브라함의 믿음을 인정하신 하느님, 유리화, 밀라노 대성당.

## 3) 복음의 옹호: 율법 준수가 아니라 믿음으로 얻는 구원(3,1-4,31)

갈라티아서의 핵심 부분으로, 사도 바오로가 율법과 믿음의 문제를 논하면서 그가 전한 복음을 변호합니다. 바오로는 먼저 갈라티아인들이 유다교의 율법을 지켜야 구원받는다는 이단설에 미혹된 것을 꾸짖습니다. 하느님의 구원은 복음과 믿음을 통해서 오지 율법에 의해 이루어지지 않는다고 강조하면서, 복음을 듣고 믿어서 성령을 받았던 그들의 "많은 체험"을 상기시킵니다(3,4).

두 번째 논증은 아브라함의 예입니다. 바오로는 아브라함이 의를 행해서가 아니라 하느님을 믿어서 의로움으로 인정받았다는 구약성경 구절을 예시합니다(창세 15,6). 또 율법은 시간상 아브라함보다 사백삼십 년 뒤에 나온 것이어서 아브라함에게 하신 하느님의 약속을 무효로 만들 수 없다는 논지를 펼칩니다(3,17). 나아가 세례를 받아 그리스도와 하나 된 그리스도인이 진정한 아브라함의 후손이며(3,27-29), 율법의 종살이에서 풀려나 하느님의 자녀로 상속자가 되었다고 역설합니다(4,1-11).

끝으로 창세기에 나오는 하가르와 사라를 예로 들어, 그리스도인이 종살이하는 여종의 자녀가 아니라 자유의 몸인 약속의 자녀임을 강조합니다(4,21-31). 하느님의 자녀는 율법을 지키거나 할례를 받아서가 아니고 오직 믿음을 통해 그리스도 예수와 함께 살아 은총을 받게 된다고 거듭 역설합니다.

## 4) 복음의 적용: 교훈과 가르침(5,1-6,10)

그리스도인이 누리는 자유는 마음대로 할 수 있는 방종이 아니라 하느님과 이웃을 사랑으로 섬기는 열성적인 노력을 의미합니다. "그리스도께서는 우리를 자유롭게 하시려고 해방시켜 주셨다(5,1)"는 말씀은 이 서간의 메시지를 요약합니다. 이 자유는 "종살이의 멍에"(5,1)에서 벗어난 자유입니다.

이어 바오로는 '사랑으로 행동하는 믿음만이 중요하다'고 역설합니다(5,6-12). 당시 유다인들의 회당에는 할례용 의자가 있을 만큼, 할례는 유다교의 가장 중요한 의식 가운데 하나였습니다. 그렇지만 사도 바오로는 그리스도를 택하는 사람에게는 형식적인 외적 할례보다 믿음과 사랑과 희망만이 중요하다고 거듭 역설합니다.

바오로는 그리스도인의 귀한 자유를 올바로 사용하라고 권유합니다. 그리스도인의 자유는 육의 욕망을 채우는 데 있지 않고, 성령의 인도를 받아 사랑으로 서로 섬기는 데 있습니다. 그래서 바오로는 그리스도인이 하느님 나라의 복을 받고 하느님과 친교를 나누기 위해서 피해야 할 육의 행실과 성령의 열매로 표현되는 덕행을 구체적으로 열거합니다. 그리고 믿음의 가족에게 서로 충고하며 사람은 자기가 뿌린 것을 거둔다는 사실을 명심하라고 이릅니다(6,7).

* 성령의 열매(5,22)

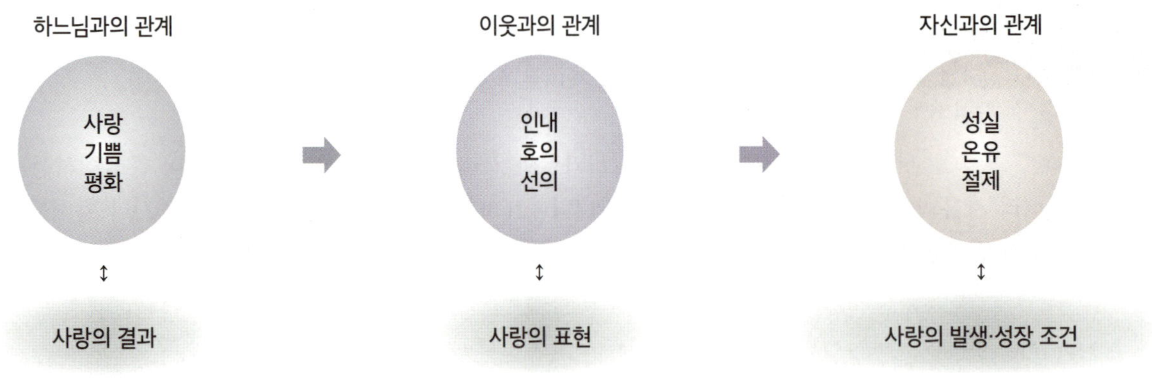

## 5) 마침 인사: 권고와 축복(6,11-18)

사도 바오로는 편지 전체를 요약하면서 그 중요성을 강조하기 위해서 편지의 맺음말을 '직접 큰 글자'(6,11)로 써 보냅니다. 자신들도 율법을 지키지 않으면서 다른 민족인 갈라티아 사람들에게 할례를 받게 했다는 것을 자랑하려 하는 적대자들의 허영심을 폭로하며, 사도는 '십자가의 복음'을 높이 듭니다.

> **"나는 우리 주 예수 그리스도의 십자가 외에는 어떠한 것도 자랑하고 싶지 않습니다"(6,14).**

십자가의 복음, 15세기, 아르메니아 바스푸라칸 복음서 세밀화, 삼 포그 미술관, 런던.

# 에페소 신자들에게 보낸 서간

## 35주간

제4일: 에페 1,1-2,22
(시편 84,2-13)

제5일: 에페 3,1-4,32
(시편 145,8-15)

제6일: 에페 5,1-6,24
(시편 65,5-14)

# 1. 입문

## 1) 책의 이름

에페소 신자들에게 보낸 서간은 신약성경에서 열 번째, 서간 중에서 다섯 번째로 나오는 성경입니다. 2세기 말부터 이 서간 사본에 '프로스 에페시우스'라는 짧은 그리스어 제목이 붙었는데, 후대에 '복된 사도 바오로가 에페소인들에게 보낸 서간'이라는 정중한 이름이 붙었습니다. 《성경》에서는 에페소인이 실제로는 에페소 (교회의) 신자들을 가리키므로 '에페소 신자들에게 보낸 서간'으로 이름을 정했습니다. 총 6장입니다.

성령의 칼을 잡은 바오로, 14세기, 성경 세밀화,
성 로렌조 수도원 도서관, 마드리드.

## 2) 저자

에페소서는 18세기 말엽까지 바오로가 직접 쓴 편지로 알려졌습니다. 그렇지만 그 뒤 바오로가 직접 쓴 다른 서간들과 꼼꼼하게 비교해 본 결과, 다른 서간에 없는 약 50개의 어휘가 에페소서에만 사용되며 길고 복잡한 문장과 문체도 다르다는 사실을 알게 되었습니다. 또 같은 어휘라도 뜻하는 내용이 서로 다르거나 서술된 신학 사상도 좀 더 발전된 면모를 보입니다. 그래서 바오로 사도가 말년에 썼다는 견해도 있지만, 그의 영향을 받은 후대의 제자가 썼을 것으로 보는 학자들이 많습니다. 그렇지만 넓게 보아 바오로의 서간으로 간주합니다.

### 3) 저술 연대와 장소

저자가 바오로의 서간들을 이미 알고 있음을 암시하고, 그리스도인들의 박해를 시사하는 내용이 없는 것으로 보아, 바오로의 친서들이 모아진 뒤 대략 80-100년에 에페소 주변에서 쓰였을 것으로 추정합니다.

### 4) 수신 교회

편지글은 보통 첫머리에 인사말과 함께 그 편지를 받는 수신인을 밝힙니다. 그런데 에페소서의 경우 수신인(1,1의 "에페소에 있는")이 명기되어 있는 사본도 많지만, 중요한 사본에는 이 구절이 빠져 있어 누구에게 보낸 편지인지가 불분명합니다. 더군다나 에페소에 보낸 편지라면, 에페소 교회 공동체에 관한 내용이 구체적으로 언급되어야 하는데 전혀 나오지 않습니다. 또 이 서간에는 에페소 신자들에 대한 내용을 "전해 들은"(1,15) 것으로 나오는데, 사실 바오로는 2년 이상 에페소에 머무르며 가르쳤습니다.

이런 이유로 일부 학자들은 이 편지가 에페소에 보낸 것이 아니라, 콜로 4,16에 언급된 '라오디케이아 교회'에 보낸 편지라고 주장합니다. 그러나 이 주장에 따르면 수신 교회의 이름을 '에페소' 대신에 '라오디케이아'라고 적지 않은 이유가 분명치 않습니다. 다른 학자들은 이 서간이 특정 지역이 아닌 여러 지역에 보낸 '회람 서간'이라고 주장합니다. 하지만 회람 서간일 경우에는 여러 공동체에 보낸다는 사실이 사본에 명기되기 때문에, 이 주장도 근거가 불충분한 실정입니다. 아무튼 에페소서는 소아시아에 있는 교회를 대상으로 그리스도인의 삶을 들어 높이려는 목적하에 쓰인 것으로 볼 수 있습니다.

### 5) 구조

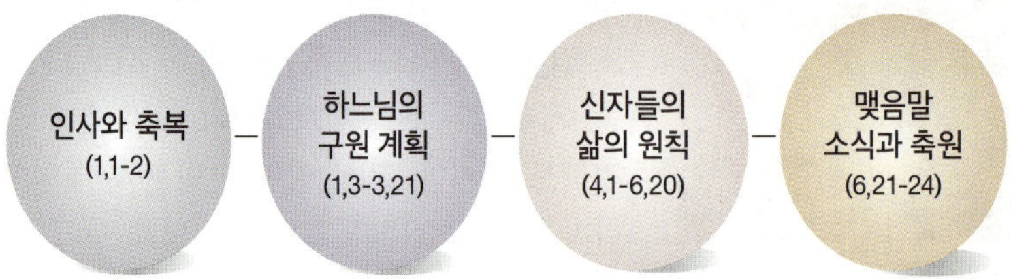

## 2. 콜로새 신자들에게 보낸 서간과의 관계

학자들은 에페소서, 콜로새서, 필리피서, 필레몬서를 바오로가 감옥에 있을 때 써 보낸 '옥중 서간'으로 분류합니다. 그중에서도 에페소서와 콜로새서는 여러 모로 비슷합니다. 시작 인사(에페 1,1-2; 콜로 1,1-2)와 감사(에페 1,15-17; 콜로 1,3-4), 끝인사(에페 6,21-22; 콜로 4,7-8)뿐 아니라 어휘와 주제도 같은 부분이 곳곳에서 드러납니다.

### 1) 공통 어휘

- '거룩하고 흠없는'(에페 1,4; 콜로 1,22)
- '속량을, 곧 죄의 용서를'(에페 1,7; 콜로 1,14)
- '멀어지다'(에페 2,12; 콜로 1,21)
- '화해하다'(에페 2,16; 콜로 1,20.22)

옥중에서 편지를 전하는 바오로, 14세기, 성경 세밀화, 성 로렌조 수도원 도서관, 마드리드.

### 2) 공통 주제

- '그리스도의 신비' 또는 '하느님의 신비'(에페 1,9; 3,3.4.9; 콜로 1,26.27; 2,2; 4,3)
- '그리스도의 몸인 교회'(에페 1,23; 4,12.16; 5,23-30; 콜로 1,18; 2,19)
- '충만함'(에페 1,23; 4,13; 콜로 1,19; 2,9)
- '그리스도의 피를 통하여 이루어진 평화'(에페 2,14-15; 콜로 1,20)
- '지혜와 깨달음'(에페 1,8-9.17-18; 3,18-19; 콜로 1,9.10.28)
- '시편과 찬미가와 영가로 감사를'(에페 5,19-20; 콜로 3,16-17)

전체적으로 보면, 이 두 서간은 예수 그리스도 안에서 드러나는 하느님의 구원 계획이라는 신비가 사도에게 계시되어 교회 안에서 펼쳐지게 되었음을 일러 줍니다. 그 가운데 에페소서는 주로 교회론에 초점을 맞추며, 콜로새서는 그리스도론에 주된 관심을 보입니다.

# 3. 내용

## 1) 인사와 축복(1,1-2)

여느 서간처럼 바오로는 하느님의 뜻에 따라 사도가 된 이로서 성도들에게 인사하며 축복을 빕니다.

## 2) 하느님의 구원 계획(1,3-3,21)

바오로는 세상 창조 이전부터 그리스도를 통하여 우리를 당신의 자녀로 삼으시기로 미리 정하신 하느님의 심오한 계획에 대해 밝힙니다. 먼저 하느님을 찬양한 다음 그분께서 그리스도 안에서 주시는 영적인 복을 성부, 성자, 성령의 삼위일체 구조로 소개하는데, 단계마다 찬양 후렴구로 구분 짓고 있습니다(1,6-14).

| | |
|---|---|
| 도입 | 하느님께서 찬미받으시기를 빕니다(3절). |
| 성부 | 세상 창조 이전에, 하느님께서 우리를 선택하시어 당신의 자녀로 삼으시기로 미리 정하심(4-5절) |
| 찬양 1 | 그 은총의 영광을 찬양하게 하셨습니다(6절). |
| 성자 (그리스도) | 우리는 그리스도 안에서 그리스도의 피를 통하여 죄를 용서받음. 하느님 뜻의 신비를 알게 하시고, 그리스도 안에서 한몫을 얻게 하심(7-11절) |
| 찬양 2 | 하느님의 영광을 찬양하는 사람이 되게 하심(12절) |
| 성령 | 우리가 믿게 되었을 때 약속된 성령을 주심. 성령께서 우리가 받을 상속의 보증이 되어 주심(13절) |
| 찬양 3 | 하느님의 영광을 찬양하게 하십니다(14절). |

사도는 잘못과 죄를 저질러 '죽었던' 우리를 그리스도와 함께 '살리신' 하느님의 풍성한 은총과 선물을 깨닫도록 기도합니다. 또 그리스도를 통한 구원과 평화에 다른 민족들도 참여하게 되었음을 밝히며, 자신의 사도직을 은총의 직무로 고백합니다(2,1-3,13).

또 바오로는 하느님의 구원 행위가 지향하는 귀결점이 교회라고 드러내며, 하느님의 백성인 교회가 그리스도와 본질적 결합을 이루는 모습을 머리와 몸(1,22-23), 모퉁잇돌과 건물(2,20-22)의 표상으로 표현합니다. 그리고 이제는 성령과 교회를 통하여 그리스도의 신비와 하느님의 다양한 지혜가 알려지게 되었다고 가르칩니다. "여러분이 하느님의 온갖 충만하심으로 충만하게 되기를 빕니다"(3,19).

## 3) 신자들의 생활 원칙(4,1-6,20)

성령께서는 교회를 위하여 다양한 은사를 주신다, 13세기, 프레스코, 대주교도서관, 비치.

그리하여 사도 바오로는 먼저 주님 안에서 모든 그리스도인이 일치하라고 권고합니다. 그리스도의 몸도, 성령도, 주님도, 믿음도, 세례도 하나이며 하느님도 한 분이시기 때문이라고 근거를 제시합니다. 따라서 그리스도인들이 저마다 받은 은총에 따라 다양한 직무를 수행하는 것도, 그리스도의 몸을 사랑으로 성장시키는 데 목적이 있다고 강조합니다.

따라서 교회 안에 통용되는 다양한 직분 안에서 일치를 이루어야 하며, 지난날의 생활 방식을 버리고 영과 마음을 새롭게 하여 새롭게 살아가라고 권유합니다. 그리스도인들은 빛의 자녀답게 선과 의로움과 진실의 열매를 맺으며 빛의 생활을 통해서 어둠을 폭로해야 합니다. 이 일은 무엇이 주님의 마음에 드는 것인지 늘 가려내면서 지혜롭게 추구할 때 가능하다고 지적합니다.

바오로는 새로운 인간관계가 어떠해야 하는지를 아내와 남편, 자녀와 부모, 종과 주인의 관계를 들어 구체적으로 일러 줍니다. 기존 사회구조에서도 상대방을 보는 눈과 대하는 태도를 실제로 변화시켜 그리스도를 본받아 살아가라고, 하느님의 무기로 무장을 갖추라고 충고합니다.

## 4) 맺음말: 소식과 축원(6,21-24)

티키코스에 관한 짧은 소식에 이어 마지막 인사말로 끝을 맺습니다. 티키코스는 바오로 사도의 충실한 일꾼이며 동료였습니다(사도 20,4; 콜로 4,7; 2티모 4,12; 티토 3,12 참조). 여기에서 사도는 은총과 사랑, 성령의 친교를 빌던 다른 서간과 달리, "불멸의 생명"과 은총이 함께하기를 기원합니다.

# 필리피 신자들에게 보낸 서간

## 36주간

제1일: 필리 1,1-2,30
(시편 51,12-17)

제2일: 필리 3,1-4,23
(시편 119,111-114)

# 1. 입문

## 1) 책의 이름

필리피 신자들에게 보낸 서간은 신약성경에서 열한 번째, 서간 중에서 여섯 번째로 나오는 성경입니다. 초기 사본에는 단순하게 그리스어로 '프로스 필리페시우스(필리피인들에게)'라는 제목이 붙었는데, 후대에 '복된 사도 바오로가 필리피인들에게 보낸 서간'이라는 정중한 이름이 붙었습니다. 《성경》에서는 필리피인들이 실제로는 필리피 (교회의) 신자들을 가리키므로 '필리피 신자들에게 보낸 서간'으로 이름을 정했습니다. 이 서간은 총 4장으로 짧지만 아름다운 내용이 가득합니다.

## 2) 저자 및 저술 연대

필리피 옥에 갇히는 바오로와 실라스,
13세기, 베로나 신약성경 세밀화, 바티칸 도서관.

사도 바오로가 감옥에서 썼다 하여, 필리피서는 에페소서, 콜로새서, 필레몬서와 함께 '옥중 서간'으로 분류합니다. 그러나 바오로 사도가 어느 도시에서 복음을 전하다가 수감되었는지는 분명치 않습니다. 사도행전에는 필리피, 카이사리아, 로마에서 투옥되었다는 기록이 나옵니다(사도 23,23-28,31 참조). 이를 바탕으로 일부 학자들은 필리피서 본문에 "경비대"(1,13)와 "황제 집안"(4,22)이 언급되는 점을 근거로 들어 로마에서 저술되었다고 추정합니다. 그럴 경우 저술 연대는 63년경입니다.

그렇지만 대다수 학자들은 사도행전이 성격상 일지처럼 바오로 사도의 행적을 낱낱이 기록하지 않고 중요한 노선과 골자만을 담았기에 2-3년이나 머무른 에페소에서 있었던 일이 누락되었을 것으로 봅니다. 팔레스티나의 카이사리아에서 체포되기 전에 이미 여러 번 투옥되었다고 바오로 자신이 고백할 뿐 아니라(2코린 11,23) 에페소에서 큰 위험에 빠졌다는 기록(1코린 15,32; 참조 2코린 1,8)으로 보아, 바오로는 에페소에서도 수감 생활을 하였을 것으로 추정합니다. 만일 그렇다면 코린토에 보내는 서간보다 조금 앞선, 57-58년경에 필리피서가 쓰였을 것으로 보입니다.

### 3) 구조

인사와 신상 설명 (1,1-26) – 신자들에 대한 권고 (1,27-2,18) – 파견 및 여행 계획 (2,19-30) – 이단 경고 (3,1-4,1) – 당부와 마침 인사 (4,2-23)

## 2. 필리피 교회

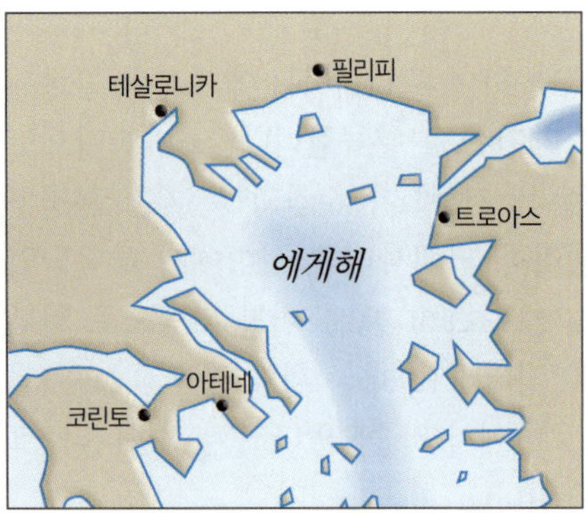

필리피 교회 부근 지도

알렉산드로스 대왕의 아버지인 마케도니아의 필리포스 2세는 기원전 358-357년에 도시를 세우고 자기 이름을 따 '필리피'라 불렀습니다. 이 도시는 로마와 아시아를 잇는 에그나티아 대로에 위치한 데다 퇴역한 로마 군인들이 정착하는 로마의 특별 '식민시'로 지정되어, 바오로 시대에는 마케도니아의 중요한 도시로 성장하였습니다(사도 16,12).

바오로 사도가 제2차 선교 여행(50-52년경) 때에 실라스와 티모테오와 함께 처음으로 유럽으로 건너와, 첫 교회를 세운 도시가 바로 그곳입니다. 당시 도시에 거주하는 유다인들이 적어서 회당이 없었던 관계로, 바오로는 성문 밖 강가에 있는 기도처(사도 16,13 참조)를 찾아 자색 옷감 장수인

리디아에게 처음으로 복음을 전하였습니다. 그후 리디아의 집은 필리피뿐 아니라 주변에 복음을 전하는 거점이 되었습니다. 또 리디아와 필리피 신도들이 기쁘게 바오로의 선교 활동을 물심 양면으로 후원하였기에, 손수 노동하여 대가를 받지 않고 선교하였던 바오로 사도도 그들에게는 기꺼이 물질적 도움을 받았습니다(4,15; 2코린 11,8-9).

리디아의 세례처로 추정되는 필리피 근교의 강가 (사진: 김병학).

## 3. 내용

### 1) 인사와 신상 설명(1,1-26)

바오로 사도는 필리피서에서 자신을 "그리스도 예수님의 종"으로만 소개하지 '사도'라고 굳이 강조하지 않습니다. 필리피 교회 신자들과는 더없이 친밀해서 누구도 바오로의 사도성을 의심하지 않았기 때문입니다. 아울러 함께 일하는 티모테오를 등장시켜, 복음은 어느 개인의 사업이 아니라 그리스도께서 명하신 공동 과제라고 분명히 합니다(1,1).

이어 사도 바오로는 그리스도를 믿기 시작한 첫날부터 줄곧 복음을 전하는 데 협력하며 고생을 같이 해 온 필리피 신자들에게 감사의 마음을 전하면서, 참된 지식과 온갖 이해를 갖추어 사랑이 더 풍부해지기를 기원합니다(1,9-10). 사랑은 자주 이기심과 자애심의 가면을 쓰기 쉽기 때문입니다. 실제로 사랑이 아닌 이기심과 시기심, 경쟁심이라는 불순한 동기로 복음을 전하는 이들도 있었습니다(1,15-17). 그렇지만 바오로 사도는 삶과 죽음을 초월하여 그리스도에 대한 믿음과 희망과 사랑을 확신하고 있기에, 살든지 죽든지 그의 생활을 통틀어 그리스도를 찬양하기만을 간구합니다(1,20).

## 2) 권고(1,27-2,18)

생사를 초월해 있는 사도 바오로는 필리피 교회 신자들에게 복음을 받은 사람의 신앙은 이론이 아니라 삶에 있다고 깨우쳐 줍니다. "그리스도의 복음에 합당한 생활"(1,27)을 하라는 것입니다. 그러기 위해서는 그리스도 안에서 격려를 받고 성령 안에서 친교를 나누고 있는지 점검해 보아야 합니다(2,1-2). 그리스도에 대한 믿음에서가 아니라 사회적 지위, 권력, 학벌, 지식 등에서 힘을 얻으려 한다면 신앙에 문제가 있다는 지적입니다.

사도는 이어서 "그리스도 예수님께서 지니셨던 그 마음을 여러분 안에 간직하십시오"(2,5)라고 당부합니다. 예수님의 마음은 초대교회의 신앙고백문이었던 그리스도 찬가(2,6-11)에 잘 나타나 있습니다. 이 찬가는 그리스도 예수님의 겸손과 비움, 순종을 본받으라는 가르침입니다. 믿음과 세례를 통해 그리스도와 한 몸이 된 그리스도인은 그리스도께서 하느님께 보여 주셨던 모습을 그대로 본받으며, 하느님 아버지께 영광을 드리라는 뜻입니다. 그래야 "이제는 내가 사는 것이 아니라 그리스도께서 내 안에 사시는 것입니다"(갈라 2,20)라고 고백할 수 있게 된다는 것입니다.

내 안에 사시는 그리스도, 13세기, 이콘,
트레차코프 미술관, 모스크바.

**"생명의 말씀을 굳게 지니십시오"(2,16).**

## 3) 파견 및 여행 계획(2,19-30)

바오로 사도는 감옥에 갇혀 있으면서도 필리피 교회와 계속 친교를 나누었습니다. 당시에 감옥은 보통 땅속 토굴이나 춥고 음산한 동굴이었고, 쇠고랑을 찬 죄수들이 그 자리에서 먹고, 자고, 일도 보고 했기에 몹시 불결하였습니다. 그러니 체력이 좋지 않고서는 몸이 약해져 병을 얻기 쉬웠습니다. 그래서 필리피 신도들도 바오로에게 필요한 물품을 보냈던 것입니다. 그 선물을 갖고 온 에파프로디토스가 바오로의 옥바라지를 하다가 중병을 앓고 회복되자, 바오로는 그를 필리피로 돌려보내면서 이 편지를 써 보냅니다(2,25-30).

## 4) 이단 경고(3,1-4,1)

바오로의 어조는 3장부터 달라집니다. 유다계 보수파 그리스도인들과 영지주의자들을 거슬러 격렬한 표현을 씁니다. "개들을 조심하십시오. 나쁜 일꾼들을 조심하십시오. 거짓된 할례를 주장하는 자들을 조심하십시오"(3,2)라고 강력하게 경고합니다. 이처럼 현격하게 달라진 어조와 내용 때문에 이 부분을 다른 편지의 일부로 추정하기도 합니다.

사도는 이단자들과 맞서기 위해서, 세상이 높이 평가하는 가치 면에서도 자신이 어느 누구에게도 뒤지지 않다고 힘주어 말합니다. 그러나 예수님을 만난 이래로 자기 삶은 완전히 변해서, 전에 자기에게 이롭던 것들을 그리스도 때문에 모두 해로운 것으로, 쓰레기로 여기게 되었다고 고백합니다.

이로 말미암아 그는 "죽음을 겪으시는 그분을 닮아, 그분과 그분 부활의 힘을 알고 그분 고난에 동참하는 법을 알고 싶습니다. 그리하여 어떻게든 죽은 이들 가운데에서 살아나는 부활에 이를 수 있기를 바랍니다"(3,10-11)라고 역설할 수 있었습니다. 얼마나 놀라운 신앙입니까? 그러나 그 역시 이미 그것을 차지하였다고 여기지 않고, "주시는 상을 얻으려고, 그 목표를 향하여 달려가고"(3,14) 있다고 겸손하게 고백합니다.

## 5) 당부와 마침 인사(4,2-23)

친밀한 사랑의 관계에서 자신의 감정과 생각을 숨김없이 드러낸 바오로는, 이제 필리피 교회에서 생겨난 문제를 직접 지적합니다. 우선 에우오디아와 신티케 두 여자가 서로 화해하여 "주님 안에서 뜻을 같이"(4,2)하도록 당부합니다. 살면서 크고 작은 일로 서로 틀어질 수는 있지만, 그리스도인들은 곧바로 '화해와 용서'를 해야 한다고 강조합니다. 다음으로 일반 신자들에게는 주님께서 오실 날이 가까웠으니 기도하며 기뻐하는 가운데 바르게 생활하라고 촉구합니다(4,4-7). 아울러 자신에게서 배운 모든 것을 그대로 실천하라고 권고합니다(4,8-9). 끝으로 필리피인들이 보낸 선물뿐 아니라 그들의 사랑과 존경과 신앙에도 감사하면서 끝인사를 나눕니다(4,10-23).

# 콜로새 신자들에게 보낸 서간

**36주간**

제3일: 콜로 1,1-2,23
(시편 34,12-23)

제4일: 콜로 3,1-4,18
(시편 95,1-7)

# 1. 입문

## 1) 책의 이름

콜로새 신자들에게 보낸 서간은 신약성경에서 열두 번째, 서간으로는 일곱 번째 나오는 성경입니다. 초기 사본에는 그리스어로 '프로스 콜로사에이스(콜로새인들에게)'라는 짧은 이름이 붙었는데, 후대에 '복된 사도 바오로가 콜로새인들에게 보낸 서간'이라는 정중한 이름이 붙었습니다. 이때 콜로새인들이 실제로는 콜로새 (교회의) 신자들을 가리키므로 《성경》에서는 '콜로새 신자들에게 보낸 서간'으로 이름을 정했습니다. 이 서간은 총 4장이며, 필리피서, 에페소서, 필레몬서와 함께 '옥중 서간'으로 분류됩니다.

편지 내용을 구술하는 바오로, 15세기, 《역사적 성경》 세밀화, 프랑스 국립도서관, 파리.

## 2) 저자 및 저술 연대

콜로새서 역시 바오로의 서간으로 분류되지만, 저자에 관해서는 계속 논란 중입니다. 바오로가 그 지역의 여러 교회를 지속적으로 돌보았고 말년에 신학적 관심사를 정리하였다고 보는 쪽에서는 사도가 감옥에서 직접 저술했다고 여깁니다(50년대 후반에서 60년대 초). 반면에 콜로새서에서 종말에 관한 관심이 뚜렷하게 약화되었고, 영지주의의 공격에 맞서 사도의 권위를 내세우는 점에 주목하는 쪽에서는 70-80년대에 바오로의 제자(들)가 저술 또는 편집한 서간으로 추정합니다. 후자의 견해가 더 우세합니다만, 바오로의 전승에서 나왔다는 점에서는 일치합니다.

## 3) 저술 목적

저자는 이 서간의 목적을 "아무도 여러분을 그럴듯한 말로 속이지 못하게 하려는 것"(2,4)이라고 언급합니다. 지금 "사람을 속이는 헛된 철학"(2,8)이 신자들을 현혹하는데, 그들은 "거짓 겸손과 천사 숭배를 즐기는 자"이며, "환시에 빠지고", "자발적인 신심과 겸손과 육신의 고행을 내세우는" 자들입니다(2,18-23). 이러한 이단과 거짓 교사들의 가르침을 단호하게 논박하면서, 콜로새 신자들에게 바오로가 선포한 복음에 대한 믿음을 확고히 해 주기 위해 집필되었습니다.

## 4) 구조

인사와 감사 기도 (1,1-8) – 그리스도 예수님 만이 주님 (1,9-3,4) – 새 생명, 새 생활 (3,5-4,6) – 안부와 맺음말 (4,7-18)

# 2. 콜로새 교회

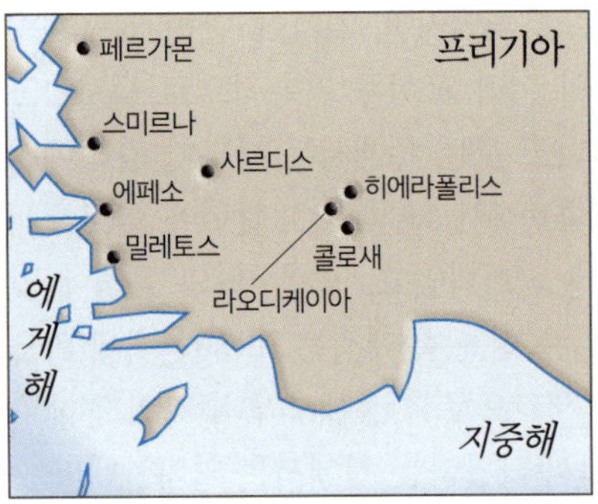

콜로새 교회 부근 지도

콜로새는 소아시아의 서해안에 있는 에페소에서 동쪽 내륙으로 약 192km 지점에 있습니다. 리쿠스강 유역에 위치한 이 도시에서 서북쪽으로 18km 가면 라오디케이아가, 다시 동북쪽으로 24km를 가면 히에라폴리스가 자리하고 있습니다. 동서를 잇는 교통의 요지로 프리기아 원주민 외에 많은 유다인과 그리스인이 어울려 살았던 큰 도시입니다.

바오로가 제3차 선교 여행 때 에페소에 건설한 교회의 영향을 받아 에페소에서 좀 떨어져 있는 내륙 지방에도 여러 개의 독립 교회가 연이어 설립되었습니다. 그중에서 콜로새 교회는 사도 바오로의 제자로서 콜로새 출신인(4,12) 에파프라스의 전교로 이루어졌습니다. 그래서 사도 바오로는 에파프라스를 통해 콜로새 교회의 소식을 들었을 것입니다.

## 3. 내용

### 1) 인사와 감사 기도(1,1-8)

콜로새서 첫머리에서 사도의 권위로 편지를 쓰고 있다는 사실을 강조하는 이유는, 서로 어긋난 가르침 때문에 혼란에 빠진 이들에게 자신의 가르침이 확실한 지침으로 받아들여지도록 하기 위해서입니다. 그래서 함께 일하는 티모테오를 자신의 지위와 구별하여 '형제'로 소개하고 있습니다. 그리고 콜로새 신자들에게 믿음과 사랑과 희망이란 복음의 열매를 주신 하느님께 감사를 드립니다.

### 2) 그리스도 예수님만이 주님(1,9-3,4)

엘 그레코, 하느님의 형상이신 그리스도, 개인 소장, 마드리드.

이어서 저자는 콜로새 신자들이 성령의 선물인 영적 지혜와 깨달음을 통하여 하느님의 뜻을 아는 지식으로 충만하기를 기도합니다. 그리하여 그들이 주님의 뜻에 합당하게 살아가며 하느님을 기쁘게 해 드리고, 하느님의 영광스러운 능력에서 오는 힘을 받아 온갖 어려움을 이겨 낼 수 있기를 빕니다(1,9-11).

저자는 그리스도를 통한 구원을 이야기한 후, 비로소 콜로새 교회를 위협하던 이설異說들에 대항하여 장엄한 그리스도 찬가(1,15-20)를 제시합니다. 지혜와 지식의 온갖 보화를 지니고 계신 그리스도를 인격적으로 알지 않고는 하느님의 지혜를 이해할 수 없으니, 그리스도를 떠나서 지식의 다른 근원을 찾으려는 것은 헛되다고 일러 줍니다.

바오로는 자신이 하느님의 말씀이며 신비인 그리스도를 선포하는 직무를 하느님에게서 받았고, 그 목적은 모든 신자가 "그리스도를 아는 지식을 갖추게 하려는 것"이라고 밝힙니다(1,24-2,3). 그리하여 이 세상의 전통과 규정과 정령을 따르지 말고 "가르침을 받은 대로, 그분 안에 뿌리를 내려 자신을 굳건히 세우고 믿음 안에 튼튼히 자리를 잡으라"(2,7)고 호소합니다. 바오로가 반대하는 헛된 철학의 정체는 분명하게 나오지 않지만, 유다교와 유다 묵시주의, 여러 유사 종교에서 가르쳤던 천상 지식과 실천적 규정을 뜻한다고 봅니다.

그리스도를 통한 구원, 12세기,
램버스 성경 세밀화, 램버스궁 도서관, 런던.

## 3) 새 생명, 새 생활(3,5-4,6)

바오로는 그리스도인이야말로 "옛 인간을 그 행실과 함께 벗어 버리고, 새 인간을 입은 사람"이며, "새 인간은 자기를 창조하신 분의 모상(그리스도)에 따라 끊임없이 새로워지면서 참지식에 이르게 된다"(3,9-10)고 강조합니다. 따라서 하느님께 선택된 사람으로서 하느님의 뜻에 따라 서로 용서하고 사랑하여 일치를 이루라고 가르칩니다. 특히 그리스도의 말씀이 우리 가운데 풍성히 머무르게 할 때, 그 말씀 안에 깃든 풍부한 생명력이 사람 안에서 살아 움직이며 풍성한 결실을 맺게 한다고 이릅니다. 또 항상 감사하는 마음으로 그리스도의 평화와 생명력 안에 살며 하느님을 찬양하는 생활을 하라고 호소합니다.

## 4) 안부와 맺음말(4,7-18)

끝으로 편지를 가지고 가는 사람(티키코스)을 소개하고 필레몬의 노예 오네시모스를 보낸다고 밝히면서 작별 인사를 전합니다. 비교적 간결했던 에페소서와 달리 여러 이름을 소개하며 아주 장황하게 인사합니다.

# 테살로니카 신자들에게 보낸 첫째 서간·둘째 서간

### 36주간

제5일: 1테살 1,1-3,13
(시편 56,11-14)

제6일: 1테살 4,1-5,28
(시편 40,10-12)

### 37주간

제1일: 2테살 1,1-3,18
(시편 18,36-37)

# 1. 입문

## 1) 책의 이름

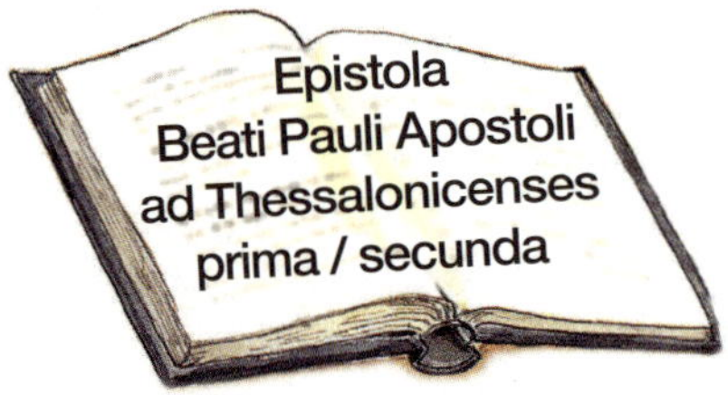


테살로니카 신자들에게 보낸 첫째 서간과 둘째 서간은 신약성경에서 열세·열네 번째, 서간으로는 여덟·아홉 번째로 나옵니다. 초기 사본에는 단순하게 그리스어로 '프로스 테살로니케이스(테살로니카인들에게)'라는 제목이 붙었는데, 후대에 '복된 사도 바오로가 테살로니카인들에게 보낸 첫째·둘째 서간'이라는 정중한 이름이 붙었습니다. 《성경》에서는 다른 서간과 마찬가지로 그 수신 교회를 밝혀 '테살로니카 신자들에게 보낸 첫째·둘째 서간'으로 이름을 정했습니다. 각각 5장과 3장으로 짧습니다.

## 2) 저자 및 저술 연대

사도 바오로는 제2차 선교 여행(50-52년경) 중에 코린토에서 1년 반 동안 활동했습니다. 그는 50-51년경에 테살로니카 교회 신자들에게 첫째 서간을 보냈을 것입니다. 이 서간은 사도 바오로의 서간들 가운데 가장 먼저 쓰인 것으로, 신약성경 가운데서 제일 초기의 문서입니다.

둘째 서간의 저자와 저술 연대에 대해서는 논란이 있습니다. 바오로가 1서에 이어 몇 달 뒤에, 그러니까 51-52년경에 썼다고 전통적으로 믿어 왔습니다. 그러나 2서의 문체나 신학 사상이 1서와 여러 모로 다른 점에 주목한 이들은

테살로니카에 첫 편지를 쓴 바오로, 디오니시오스 수도원, 아토스산.

1세기 말경에 바오로의 제자(들)에 의해 쓰였다고 봅니다. 그래서 2서의 저술 연대는 51-100년으로 길게 잡습니다.

### 3) 저술 목적

사도 바오로가 코린토에서 복음을 전할 때에 테살로니카에 파견했던 티모테오가 돌아와, 테살로니카 교회 신자들이 사도 바오로를 그리워하며 그의 가르침을 충실히 지킨다는 희소식을 전했습니다. 이에 크게 고무된 사도 바오로는 그들의 믿음을 북돋우기 위해 바로 편지를 띄웠는데, 그것이 테살로니카 1서입니다.

둘째 서간은 테살로니카 교회에 생긴 두 가지 문제에 대한 지침을 내려 주기 위해서 쓰였습니다. 주님의 날이 이미 왔다고 생각하고 그릇된 가르침에 이끌려(2테살 2,2) 아무렇게나 살아가는 사람들과, 일은 하지 않고 공동체의 질서를 어지럽히는 사람들(2테살 3,11)의 생활 태도가 잘못된 것임을 일깨워 줍니다. 그리하여 테살로니카 교회 신자들이 그릇된 묵시주의에 빠지지 않고 늘 깨어 있도록 종말 신앙을 이끌어 줍니다.

### 4) 구조

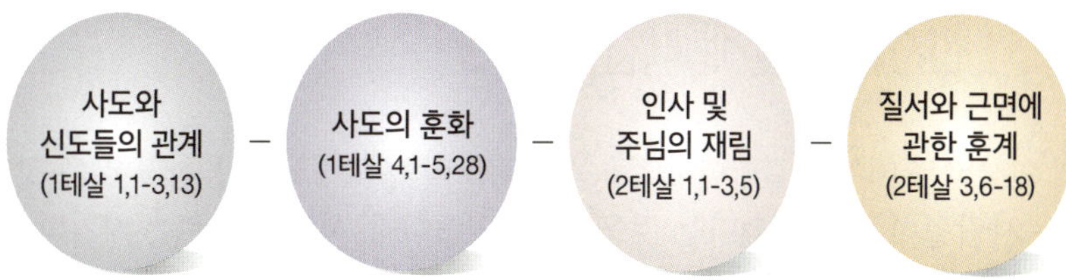


## 2. 테살로니카 교회

기원전 315년경에 알렉산드로스 대왕의 매제인 카산드로스 장군은 에게 해안에 항구도시를 건설하고 자기 부인(테살로니케)의 이름을 따서 '테살로니카'라 불렀습니다. 로마가 그리스를 합병한 후 이 도시를 마케도니아 주州의 수도로 삼았습니다(기원전 146년). 이 도시는 로마와 아시아를 연결하는 에그나티아 대로변에 위치해 있고 아우구스투

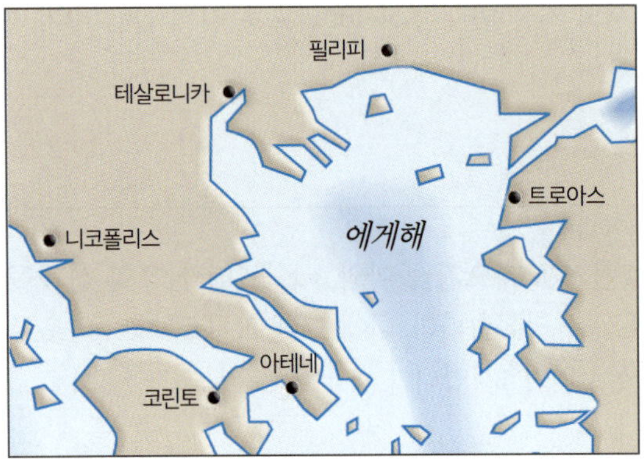

테살로니카 교회 부근 지도

스 황제에게 '자유 도시'로 특전을 받아, 1세기에는 그리스 최대의 도시로 자리잡았습니다. 따라서 유다인을 비롯한 외국인들도 많이 살았습니다.

제2차 선교 여행 때 사도 바오로는 소아시아에서 그리스로 건너와 필리피에서 복음을 선포하였습니다 그러나 얼마 후 감옥에 갇혔다가 추방되자, 테살로니카로 가서 우선 유다인들의 회당에서 복음을 선포하였습니다. 바오로는 직접 일을 하면서 복음을 전하였고, 몇몇 유다인과 많은 그리스인이 회개하여 교회를 이루었습니다. 그러나 그를 반대하는 유다인들의 난동 때문에 베로이아로 떠날 수밖에 없었습니다(사도 17,5-10).

# 3. 내용

## 1) 인사 및 사도와 신자들의 관계(1테살 1,1-3,13)

테살로니카 1서의 인사말은 매우 간결합니다(1,1). 특히 사도라는 명칭을 사용하지 않은 것을 보면 사도 바오로의 사도직을 문제시하는 사람들이 아직 없었다는 것을 알 수 있습니다. 사도 바오로는 자기의 협력자 실바누스와 티모테오를 아무런 차별 없이 자신과 같은 선교사로 열거합니다(2코린 1,19 참조).

사도 바오로는 자신이 선포한 내용을 일컬어 "복음", "하느님의 복음"(2,8.9) 또는 "그리스도의 복음"(3,2)이라 부릅니다. 테살로니카 사람들은 사도 바오로가 전한 이 복음을 듣고 우상을 버린 다음 살아 계시고 유일하신 하느님께 돌아섰습니다. 그리고 그리스도인들의 삶은 그분을 섬기는 생활이요, 그분의 아드님이신 예수님을 믿으며 그분의 재림을 기다리는 생활임을 알게 되었습니다.

사도 바오로는 자신이 얼마나 헌신하여 복음을 전하였는지 구체적으로 상기시킵니다(2,1-12). 그는 천막 짜는 일(2,9; 사도 18,3)을 하여 "신자들에게 폐를 끼치지"(2,9) 않았으며, 물욕에 얽힌 의혹도 피할 수 있었습니다. 그리스 문화권에서는 육체노동을 천하게 여겼지만, 유다인들이 그러하였듯 바오로 또한 자부심을 갖고 노동하였습니다(2테살 3,7-9; 1코린 4,12; 2코린 11,7-10; 사도 20,34).

사도 바오로는 티모테오에게서 테살로니카 신자들이 믿음을 굳게 지키고 있다는 소식(3,2-10)을 듣고, 큰 기쁨을 느끼며 하느님께 감사드립니다. 예수님을 부활시키신 하느님의 능력이 자신의 복음 선포 속에서 작용하고 있음을 깨닫고, 테살로니카 방문과 신자들의 믿음을 위해 하느님께 기도드립니다.

## 2) 사도의 훈화(1테살 4,1-5,24)와 마지막 인사(5,25-28)

테살로니카 교회 신자들의 믿음을 칭찬하고 자기 계획을 밝힌 다음, 사도 바오로는 생활에 관한 훈계와 신앙 문제에 관한 설명을 덧붙입니다. '하느님의 뜻은 신자들이 거룩한 사람이 되는 것'(4,3)이므로, 서로를 거룩하고 존중하는 마음으로 대하면서 스스로 끊임없이 성화하려고 노력해야 한다고 일러 줍니다.

주님과 함께 살게 되는 것이 신자 생활의 최종 목표요 최고의 희망입니다. 곧 다가올 주님의 재림 때 죽은 신자들이 부활한 다음 살아 있는 신자들이 그들과 함께 심판에 참여하고 영원히 그분과 함께 살 것임을, 바오로는 신도들에게 명백히 일깨워 줍니다. 그리하여 밤도둑처럼 오는 주님의 날을 맞이하기 위하여 늘 깨어 있으라고 격려합니다.

> **"언제나 기뻐하십시오. 끊임없이 기도하십시오. 모든 일에 감사하십시오"**(5,16-18).

## 3) 인사 및 감사 기도(2테살 1,1-12) 그리고 주님의 재림(2,1-3,5)

테살로니카 2서는 집필 동기가 세상 종말에 관한 문제이기에 예수 그리스도의 재림과 종말의 표징에 관한 가르침이 대부분입니다. 테살로니카 교회의 일부 신자들은 주님의 날이 이미 왔다고 잘못 생각하여 무질서하게 살아갔고, 이것이 사도의 가르침을 따르는 삶이라고 하면서 사람들을 현혹시켰습니다. 이에 사도 바오로는 주님이 오시기 전에

배교 현상과 무법자가 등장한다고(2,3) 하면서 주님의 날이 아직 오지 않았다고 깨우쳐 줍니다. 그리고 주님이 오시면 진리를 믿지 않고 불의를 좋아한 자들을 심판하고 멸하실 것이므로(2,12), 하느님 안에서 사도가 선포한 복음을 간직하고 가르침을 지키라고 권유합니다.

성모님과 사도들에 둘러싸인 그리스도의 영광, 성 소피아 성당 천장 벽화, 테살로니키.

여기서 사도 바오로는 유다교 묵시문학를 원용하여 종말의 표징들에 대해 상세히 설명합니다. 1서에서는 그날이 밤도둑처럼 급습한다고 충고한 반면, 2서에서는 그리스도의 재림 전에 먼저 무법자들이 설치는 혼란의 시기가 있을 것이라고 단계적으로 설명합니다. 따라서 지금은 신도들이 "온갖 불의한 속임수"에 빠지지 않도록 정신을 차리고, "모든 박해와 환난"을 인내와 믿음으로 극복하도록 가르칩니다(2,10; 1,4).

## 4) 질서와 근면에 관한 훈계(2테살 3,6-15)와 끝인사(3,16-18)

테살로니카 교회의 일부 신자들은 종말이 왔다는 생각으로, 일하지 않고 구걸하며 무질서하게 생활하여 다른 사람들에게 폐를 끼쳤습니다(3,6.10-12). 그래서 누구에게도 폐를 끼치지 않으려고 밤낮으로 수고하며 고생했던 사도 바오로 자신의 생활을 그들에게 상기시킴으로써(3,7-8) 스스로 일해서 벌어먹을 것과 좋은 일을 계속할 것을 권고합니다(3,12-13).

"누가 무슨 수를 쓰든 여러분은 속아 넘어가지 마십시오"(2,3).

# 티모테오에게 보낸 첫째 서간·둘째 서간

## 37주간

제2일: 1티모 1,1-3,16
(시편 119,142-147)

제3일: 1티모 4,1-6,21
(시편 119,105-109)

제4일: 2티모 1,1-4,22
(시편 119,16-18)

# 1. 입문

## 1) 책의 이름

티모테오에게 보낸 첫째 서간, 둘째 서간은 신약성경에서 열다섯·열여섯 번째, 서간으로는 열·열한 번째로 나옵니다. 초기 사본에는 단순하게 '프로스 티모테온(티모테오에게)'이라는 그리스어 제목만 붙었는데, 후대에 '복된 사도 바오로가 티모테오에게 보낸 서간'이라는 정중한 이름이 붙었습니다. 첫째 서간과 둘째 서간은 각각 6장과 4장입니다

티모테오 1·2서는 티토서와 함께 '사목 서간'으로 분류됩니다. 사도 바오로가 아들같이 사랑하는 티모테오에게 보내는 개인 편지 형태로 되어 있지만, 참된 목자의 사명을 다하기 위해서 알아야 하고 지켜야 할 가르침이 주로 담겨 있기 때문입니다.

## 2) 저자 및 저술 연대

사목 서간은 무라토리 경전 목록(180년경 작성)에 바오로의 서간으로 배열된 이래 바오로가 직접 쓴 것으로 간주되어 왔습니다. 그러나 19세기 중엽부터 성경 연구가 활발해짐에 따라 사목 서간의 문체, 내용, 신학 용어 등이 바오로가 직접 쓴 서간들과 여러모로 다르다는 것이 지적되었습니다. 더군다나 사목 서간에는 감독, 원로 같은 교회 지도자와 제도가 언급되고, 교회 봉사자 선정 및 운영 문제가 다루어지고 있습니다. 그러나 바오로 시대의 교회는 개인 집에서 모임을 갖는 초창기의 가정 교회에 불과하였습니다. 그래서 사목 서간은 바오로가 직접 쓴 서간이 아니라고 보는 견해가 유력해졌습니다.

아마도 사목 서간의 저자는 유명한 인물의 이름을 빌어 글을 썼던 오랜 관행에 따라, 사도 바오로가 보낸 것처럼 편지를 작성하여, 사도의 가르침을 그 시대 및 환경에 적용하여 당면한 어려운 문제들을 해결하려고 했던 것으로 보입니다. 그는 바오로의 교훈을 '사도의 가르침'으로, 참된 삶의 방식으로 존중하던 바오로 전승의 계승자로 여겨집니다. 가장 유력한 저술 연대는 100년경으로 추정합니다.

바오로와 티모테오, 13세기, 바오로 서간 주해집 세밀화, 국립 프로이센 문화도서관, 베를린.

### 3) 구조

이단에 대한 경고와 교회의 규범 (1티모 1,1-3,16) – 사목자의 사명과 언행 (1티모 4,1-6,21) – 복음의 봉사에 충실하라는 당부 (2티모 1,1-2,26) – 마지막 명령 (2티모 3,1-4,22)

## 2. 수신인 티모테오

'티모테오'는 바오로가 제2차 선교 여행을 시작하는 대목(사도 16,1)에 처음 등장합니다. 그를 '제자'로 소개하는 것으로 보아, 명시되지는 않았지만 제1차 선교 여행 때에 리스트라에서 사도 바오로가 티모테오를 그리스도교에 입교시켰을 가능성도 있습니다(1코린 4,17 참조).

티모테오는 유다인 어머니와 그리스인 아버지 사이에 태어났지만, 할례를 받지 않아 사도 바오로와 함께 선교 여행을 떠나기에 앞서 할례를 받아야만 했습니다(사도 16,3). 신심 깊은 할머니 로이스와 어머니 에우니케로부터 어려서부터 성경을 배운(2티모 1,5; 3,15 참조) 그를, 사도 바오로는 "우리의 형제이며 그리스도의 복음을 위한 하느님의 협력자"(1테살 3,2)라고 높이 평가하였습니다. 그만큼 티모테오는 바오로의 선교 여행 중에 늘 바오로 곁에 있었고(1테살 1,1; 2테살 1,1; 2코린 1,1; 로마 16,21; 필리 1,1; 콜로 1,1; 필레 1,1), 마케도니아(사도 19,22), 테살로니카(1테살 3,2.6), 코린토(1코린 4,17; 16,10) 등지에 특사로 파견되기도 했습니다.

## 3. 내용

### 1) 이단과 교회의 규범(1티모 1,1-3,16)

바오로는 첫머리에 자신이 하느님과 그리스도 예수님의 명령으로 "사도"가 되었다고 밝히면서, 믿음으로 자신의 "착실한 아들이 된 티모테오"에게 인사합니다. 그리하여 티모테오와의 친밀한 관계를 암시합니다.

사도는 교회 지도자가 무엇보다도 그릇된 교리를 배격해야 하며, 신자들이 "신화나 끝없는 족보", 쓸데없는 이야기에 빠지지 않도록 경고하라고 이릅니다. 하느님의 계획은 믿음을 통하여 알려지기 때문입니다(1,4).

다음으로 율법은 무법자와 죄인을 위한 것이고 건전한 가르침은 바오로가 선포한 복음에 따른 것이므로, 이 복음을 지키기 위해 싸우라고 지시합니다. 이어서 임금들과 높은 지위에 있는 사람을 위해서 기도할 뿐만 아니라 교회의 모든 사람을 위해서 기도해야 한다고 가르칩니다(2,2). 이어 예배소에서 정숙하라고 권유합니다. 기도소에서 성을 내거나 말다툼이 없어야 하고 거룩한 손을 들어 기도하라고 권유합니다(2,8). 쳐든 손은 하느님만 바라보고 오직 '그분에게서만 구원'이 온다는 신앙을 고백하는 것이기도 합니다. 그 시대엔 가정집에 모여서 예배를 드려야 했기에 기도 분위기를 조성하는 일이 중요했습니다.

교회의 지도자인 감독과 봉사자는 신자들의 모범이 되게끔 "깨끗한 양심으로 믿음의 신비를 간직한 사람"(3,9)이어야 합니다. 교회 공동체는 살아 계신 하느님의 집안으로 "진리의 기둥이며 기초"(3,15)입니다. 따라서 교회는 자기 안에 있는 진리를 통하여 이 세상의 어둠과 오류를 밝혀야 합니다. 그 진리의 핵심에 하느님이시자 사람이 되신 분이 계십니다.

## 2) 사목자의 사명과 언행(1티모 4,1-6,21)

바오로는 혼인을 금지하고 어떤 음식을 끊으라고 요구하는 거짓 교사들의 오류를 물리치라고 티모테오에게 당부합니다. 그리스도의 훌륭한 일꾼이 되기 위해서는, 우선 신심이 깊어지도록 노력하고, "말에서나 행실에서나 사랑에서나 믿음에서나 순결에서나 믿는 이들의 본보기"가 되도록 끊임없이 훈련해야 합니다(4,6-16). 이어서 과부와 원로 등 신자들을 대하는 자세를 구체적으로 나열합니다(5,1-25).

끝으로 하느님의 일꾼으로 불린 사람은 믿음을 위하여 훌륭히 싸워 영원한 생명을 차지하라고 가르칩니다. 우리를 현혹시키는 여러 이단, 자기도 모르게 생기는 탐욕을 거슬러 믿음을 지키려면 의로움과 신심, 믿음, 사랑, 인내, 온유를 추구해야 한다고 강조합니다. 그래서 우리 주 예수 그리스도께서 나타나실 때까지 흠 없고 나무랄 데 없이 계명을 지키라고 당부합니다(6,3-21).

안젤리코, 주님의 고난에 동참하는 순교자들과 복자, 고대 미술관, 모나코.

## 3) 복음을 지키라는 당부(2티모 1,1-2,26)

티모테오 2서에서 사도 바오로는 티모테오를 격려하며, 곧바로 그가 하느님에게서 받은 은사들 곧 "힘과 사랑과 절제의 영"에 의지하여 "복음을 위한 고난에 동참"하라고 권고합니다(1,3-12). "우리 안에 머무르시는 성령의 도움"(1,14)을 받을 때, 고난과 시련 중에서도 하느님께서 바오로를 통하여 선포하신 복음과 티모테오에게 맡기신 훌륭한 것을 지켜 갈 수 있다고 가르칩니다.

사목자의 역할은, 예수 그리스도께서 "죽은 이들 가운데서 되살아나셨다"는 복음을 성실한 사람들에게 전해 주는 일입니다(2,1-8). "진리의 말씀을 올바르게 전하는 일꾼으로 하느님 앞에 설 수 있도록"(2,15), 바오로는 "그리스도 예수님의 훌륭한 군사답게 고난에 동참"(2,3)하라고 티모테오에게 권고합니다. 또 말씀을 전할 때 이단자들과 설전을 벌이지 말고 속된 망언을 피하라고(2,14.16) 경고합니다. 자칫 어리석은 논쟁에 휘말려 싸움을 일으킬 수 있기 때문입니다.

"주님의 종은 싸워서는 안 되며", "의로움과 믿음과 사랑과 평화를 추구"해야 합니다(2,24.22). 하느님께서 반대자들을 회개시키시어 진리를 깨닫게 해 주실 수 있으므로, 사목자는 참고 "반대자들을 온유하게 바로잡아 주도록" 권고합니다(2,24-25). 이러한 내용을 통해 매우 일찍부터 사도들의 가르침에 대한 서로 다른 풀이와 해석들이 논란 속에 있었음을 알 수 있습니다. 그래서 사도들의 가르침을 보존하는 것이 중요했던 것입니다.

## 4) 마지막 명령(2티모 3,1-4,8)

사도 바오로는 "마지막 때에 힘든 시기가 닥쳐올" 것을 일깨우며, 자신과 함께 겪었던 박해와 고난을 상기시킵니다. 그때 주님께서 그 모든 고난에서 바오로를 구해 주셨음을 기억하며, 사도에게서 배운 예수님의 가르침을 지키며 사도의 처신, 믿음, 끈기와 사랑을 따르라고 권유합니다. 아울러 하느님의 영감으로 쓰인 성경이 예수님에 대한 믿음을 통하여 구원을 얻는 지혜를 준다고 가르칩니다(3,10-16).

마지막으로 바오로는 티모테오에게 "어떠한 경우에도 정신을 차리고 고난을 견디어 내며, 복음 선포자의 일을 하고 직무를 완수하도록" 권유합니다(4,5). 이런 권유는 바오로 자신이 "이 세상을 떠날 때가 다가왔다"고 고백하며 그동안 스스로 실천했고 체험한 것을 바탕으로 후임자에게 건네는 말이기에 한층 힘 있게 다가옵니다. 이로 볼 때 티모테오 2서는 마치 바오로의 유언처럼 작성되어 있음을 느낄 수 있습니다.

**"말씀을 선포하십시오. 기회가 좋든지 나쁘든지 꾸준히 계속하십시오"(4,2).**

# 티토에게 보낸 서간

## 37주간

제5일: 티토 1,1-3,15
(시편 37,3-6)

# 1. 입문

## 1) 책의 이름

티토에게 보낸 서간은 신약성경에서 열일곱 번째, 서간으로는 열두 번째로 나옵니다. 초기 사본에는 '프로스 티톤(티토에게)'이라는 그리스어 제목이 붙었는데, 후대에 '복된 사도 바오로가 티토에게 보낸 서간'이라는 정중한 이름이 붙었습니다. 티토 개인에게 보낸 편지로 나오지만, 3장 안에 교회의 사목자들에게 요구되는 자질과 책임에 대해서 말하고 있기 때문에 '사목 서간'으로 분류합니다.

## 2) 저자 및 저술 연대

바오로와 티토, 13세기, 성경 세밀화, 왕립도서관, 코펜하겐.

그리스 사람인 티토는, 개종한 뒤 바오로와 함께 예루살렘 사도회의에 참석하였습니다(갈라 2,1-3.5). 그뒤 티토는 바오로의 선교 여행에 동행하였고, 특히 코린토 교회에 바오로의 뜻을 전하는 사자로서 여러 번 파견되었습니다(2코린 12,18; 2,13; 7,6-7; 13.16). 특히 예루살렘 교회를 위한 모금에 헌신한 바오로의 "동지이며 협력자"이자, "교회들의 대표이며 그리스도의 영광"이라고 소개됩니다(2코린 8,23).

바오로와 티토가 몹시 가까운 관계에 있습니다만, 사도 바오로가 티토서를 썼는지 여부는 큰 논란거리입니다. 티모테오서에서 살펴보았듯이, 사목 서간과 바오로의 다른 서간은 차이점이 많습니다. 한 예로 사목 서간의 경우, 바오로 친서에 사용되지 않은 단어가 36%나 되고, 신약성경에 없는 단어도 20%나 됩니다. 바오로가 즐겨쓰는 단어들(십자가, 자유, 계약, 그리스도의 몸 등)이 사목 서간에는 전혀 나오지 않습니다. 단어뿐 아니라 문장구조와 동사의 활용 등 문법도 상당히 다릅니다. 그 밖에 다루는 주제도 다르고 나타나는 신학 사상도 뚜렷한 차이를 보입니다.

이러한 차이를 사도 바오로가 나이 들어서 생겨난 변화로 이해하는 견해도 있습니다. 하지만 학계에서는 티토서 역시 사도 바오로의 이름을 빌어, 당대 교회의 실제 문제에 지침을 주려 했던 익명의 그리스도인에 의해 쓰였다고 봅니다. 바오로 전승에 충실한 그가 이 서간을 쓴 연대는 100년경으로 여겨집니다.

### 3) 구조

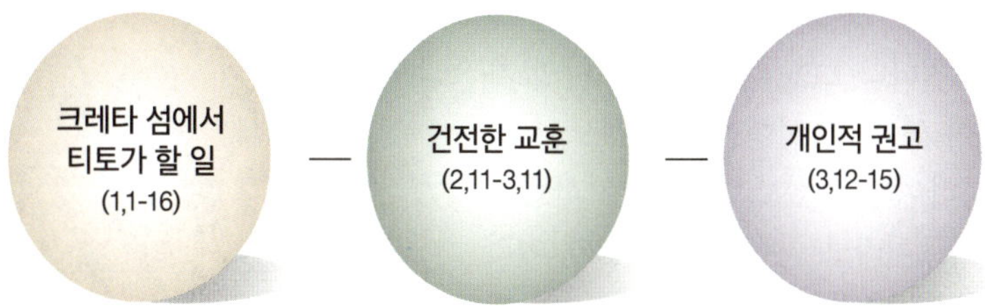


## 2. 내용

크레타 섬 부근 지도

### 1) 크레타 섬에서 티토가 할 일(1,1-16)

사도 바오로는 “하느님께 선택된 이들의 믿음을 돕고 신앙에 따른 진리를 깨우쳐 주기” 위해서 부르심을 받았고, 그래서 복음 선포의 임무를 수행한다고 밝히며 인사합니다(1,1.3). 그리고 티토에게 크레타 섬에서 복음 선포를 완수하고 교회의 원로와 감독을 임명할 때 유념해야 할 점을 일러 줍니다. 흠

잡을 데 없는 품성에다 진정한 말씀을 굳게 지키는 사람이어야 한다고 자격을 구체적으로 명시합니다. 크레타 교회에 순종하지 않고 남을 속이는 신자들이 많기 때문입니다.

## 2) 건전한 교훈(2,1-3,11)

바오로는 티토에게 "모든 면에서 선행의 본보기"를 보여 주라고 지시하면서(2,7), 나이 많은 남자와 여자, 젊은 남자와 종에게 가르쳐야 할 자세를 자세히 일러 줍니다. 하느님의 은총이 각계각층의 신자들을 "교육하여 불경함과 속된 욕망을 버리고 현세에서 신중하고 의롭고 경건하게 살도록 해 주시기"에 가능하다고 가르칩니다(2,12). 이어서 하느님의 자비에 의해 구원된 신자들이 해야 할 선행을 구체적으로 제시합니다(3,1-11). 성령을 통하여 거듭났으므로 모든 사람을 아주 온유하게 대하도록 가르치라고 권유합니다. 한때 어리석고 순종할 줄 몰랐던 우리를 측량할 수 없는 하느님의 호의로 구원해 주셨기 때문입니다.

성도들, 15세기 벽화(부분), 국립미술관, 볼로냐.

## 3) 개인적 권고(3,12-15)

아르테마스나 티키코스가 도착하면 교대해서 니코폴리스로 서둘러 오라고 당부합니다. 다른 이들의 여행 준비도 챙겨 주고, 남에게 절실히 필요한 것을 도와주는 데 전념하라고 당부합니다.

# 필레몬에게 보낸 서간

37주간

제6일: 필레 1-25절
(시편 51,12-16)

# 1. 입문

## 1) 책의 이름

필레몬에게 보낸 서간은 신약성경에서 열여덟 번째, 서간으로는 열세 번째 나오는 성경입니다. 초기 사본에는 단순하게 그리스어로 '프로스 필레모나(필레몬에게)'라는 제목이 붙었는데, 후대에 '복된 사도 바오로가 필레몬에게 보낸 서간'이라는 정중한 이름이 붙었습니다. 사도 바오로가 개인에게 직접 써 보낸 편지(私信)로 유일하며, 1장으로 가장 짧습니다. 그럴지라도 수신인 필레몬은 콜로새 교회의 책임자로 추정되므로, 이 편지는 필레몬 개인뿐 아니라 그의 집에 모이는 교회에 보낸 것이라고 할 수 있습니다.

## 2) 저자 및 저술 연대

필레몬서는 사도 바오로와 수신인 사이에 형성된 깊은 우정과 신뢰와 사랑을 나타내 주는 정겨운 서간입니다. 사도 바오로는 이 편지에서 친분과 권위를 아름답게 조화시키며 정답고 재치 있는 어조로 수신인을 감동시킵니다.

이 편지는 필리피서, 에페소서, 콜로새서와 더불어 감옥에서 썼다 하여 '옥중 서간'이라 불립니다. 그런데 어느 감옥인지에 대해서는 논란이 많습니다. 사도 바오로가 몇 차례 여행을 하면서 복음을 열정적으로 선포하다가 여러 장소에서 투옥되었기 때문입니다. 바오로가 오랜 기간 투옥되었던 장소로 팔레스티나의 카이사리아 감옥, 에페소 감옥, 로마 감옥이 거론됩니다. 이 세 감옥은 서로 상당히 멀리 떨어져 있습니다.

학계에서는 보통 필레몬서의 수신인이 콜로새 교회 지도자였으리라고 추정하는 가운데 그들 간에 편지가 자주 오갔을 상황으로 미루어, 사도 바오로가 3차 선교 여행 중인 56-57년경에 에페소 감옥에서 이 서간을 썼으리라고 봅니다.

### 3) 구조

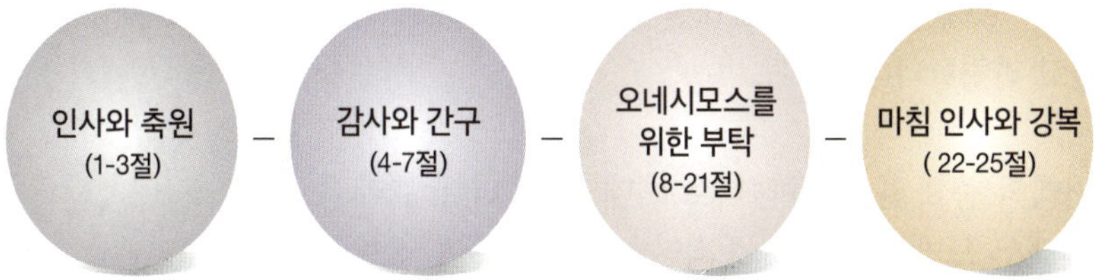


## 2. 내용

### 1) 인사와 축원(1-3절)

사도 바오로는 자신이 그리스도 예수님 때문에 갇혀 있다는 사실을 밝히면서, 자신에게 사랑으로 협력하기를 마다하지 않았던 필레몬과 그 집에 모이는 교회 성도들에게 은총과 평화가 내리기를 기원합니다.

### 2) 감사와 간구(4-7절)

바오로는 기도할 때마다 필레몬을 기억하며 늘 하느님께 감사드린다고 특별한 사랑을 보입니다. 그 까닭은 필레몬의 사랑에서 바오로는 큰 기쁨과 격려를 받고 성도들은 마음에 생기를 얻었기 때문이라고 밝힙니다.

## 3) 오네시모스를 위한 부탁(8-20절)

엘 그레코, 사도 바오로, 톨레도 박물관.

이어 바오로는 구체적인 사연을 적습니다. 그는 사도로서 권위를 내세우지 않은 채 도망친 노예 오네시모스를 사랑으로 받아들여 달라고 부탁합니다. 옥중에서 우연히 만나 입교시킨 오네시모스의 딱한 사연을 알고, 원주인인 필레몬에게 돌려보내면서 그를 용서하고 너그럽게 맞이해 달라고 간청합니다.

당대에 노예는 상거래의 중요 품목 중 하나로 매매되었습니다. 그래서 로마법은 주인에게서 도망친 노예를 중죄인으로 취급하여 극형에 처하도록 규정하였습니다. 사도 바오로는 노예제도가 확고하게 정착되었던 그 시대의 현실을 인정하며 오네시모스를 돌려보내어 노예 주인의 소유권을 존중했던 것입니다.

'용서'를 주제로 한 이 짧은 편지에는 사도 바오로의 깊고도 폭넓은 사랑이 아주 잘 드러나 있습니다. 아울러 이 편지는 노예제도에 대한 초대 그리스도교의 태도를 생생하게 알려 줍니다. 비록 바오로가 노예제도를 폐지하자고 선언하지 않았지만, 주인에게 손실을 입히고 도망쳤던 종을 "종 이상으로, 곧 사랑하는 형제로"(16절) 대하는 사랑의 길을 제시하여 노예제도를 넘어서는 새 생활을 보여 주기 때문입니다.

## 4) 마침 인사와 강복(22-25절)

자신을 위해 손님방을 마련해 달라고 하면서, 필레몬과 그 집에 모이는 성도들의 기도로 풀려나 다시 방문할 수 있기를 희망하는 어조로 편지를 맺습니다. 아울러 함께 갇힌 동료와 협력자들의 안부를 전합니다.

# 히브리인들에게 보낸 서간

## 38주간

제1일: 히브 1,1-2,18
(시편 3,4-9)

제2일: 히브 3,1-6,20
(시편 110,1-7)

제3일: 히브 7,1-9,28
(시편 111,1-10)

제4일: 히브 10,1-11,40
(시편 97,10-12)

제5일: 히브 12,1-13,25
(시편 84,9-13)

# 1. 입문

## 1) 책의 이름

히브리인들에게 보낸 서간은 신약 성경에서 열아홉 번째, 서간으로는 열네 번째로 나옵니다. 3세기 사본에 '프로스 헤브라이우스(히브리인들에게)'라는 짧은 그리스어 제목이 붙었는데, 후대에 '복된 사도 바오로가 히브리인들에게 보낸 서간'이라는 정중한 이름이 붙었습니다.

총 13장인 히브리서는 일반 편지라기보다는 잘 정리된 교리나 강론과 비슷합니다. 마지막 권고와 인사(13,22-25) 부분이 편지글 형식을 취하고 있어 곧잘 서간으로 분류되기는 하지만, 이 부분은 본 글에 덧붙여졌을 것으로 추정합니다.

## 2) 저자 및 저술 연대

히브리서는 서간으로는 매우 드물게 첫머리에 저자나 수신자를 언급하지 않습니다. 그래서 누가 썼는지에 관해 여러 주장이 제기되었으나 근거가 확실치 않습니다. 저자 문제는 곧 그 서간의 정경성과 연결되는 무척 중요한 사안이었습니다.

2세기 말에 알렉산드리아의 클레멘스는 사도 바오로가 이 서간을 직접 썼다고 가장 먼저 주장했습니다. 그의 제자인 오리게네스는 사도 바오로의 가르침을 간직한 제자가 썼다고 보았습니다. 아무튼 바오로가 썼다는 클레멘스의 주장은 점차 동방 교회는 물론 서방 교회까지 영향을 미쳤습니다. 그래서 서방 교회에서 4세기 말 정경 목록을 확정할 때 히브리서를 바오로의 저술로 인정하여 그의 서간 제일 끝에 놓았습니다.

그렇지만 히브리서에 사용된 어휘나 문체가 바오로의 서간들과 크게 차이 나고 작품의 구성이나 표현 기법이 헬레니즘 유다교와 밀접한 것으로 보아, 그리스계 유다-그리스도인이 썼으리라고 추정할 뿐입니다.

로마의 클레멘스가 95년경에 히브리서를 이용한 사례로 보아, 히브리서는 70년대 후반에서 90년 사이에 저술되었을 것으로 보입니다.

가르치는 바오로, 14세기, 라틴 성경 세밀화, 시립도서관, 투르.

## 3) 수신인

히브리서에는 수신인에 대한 언급이 없습니다. 3세기에 등장한 '히브리인들에게'라는 그리스어 이름도, 서간들을 한데 묶을 때에 다른 서간과 구분하기 위해 붙였을 가능성이 높습니다. 옛 계약과 새 계약을 비교하며 유다교의 희생 제사를 다루어 이런 이름을 붙인 것으로 추정하지만, 그 대상이 유다계 그리스도인인지 이방계 그리스도인인지 알 수 없습니다.

다만 본문을 볼 때, 처음 지녔던 신앙의 열성이 식고 유다교로부터 믿음을 위협받던 일부 신자들을 대상으로 한 문헌이라고 추정할 따름입니다.

## 4) 구조

아들을 통해 말씀하시는 하느님 (1,1-2,18) – 그리스도 안에서 실현되는 사제직 (3,1-5,10) – 그리스도는 새로운 대사제 (5,11-7,28) – 대사제이신 예수님의 봉사 (8,1-10,39) – 믿음과 인내 (11,1-12,13) – 참다운 그리스도인의 새 생활 (12,14-13,25)

## 2. 내용

### 1) 예수님은 하느님의 아드님, 천사들보다 위대하신 분(1,1-2,18)

히브리 서간의 첫 말씀은 하느님의 말씀이 전해지는 두 시기를 분명히 나눕니다(1,1-2). 하느님께서는 오랜 세월 여러 번에 걸쳐서 예언자들과 그들의 기록을 통하여 말씀하셨고, 꿈·환시·사건과 상징 등 간접적 형태로 당신의 뜻을 전달하셨습니다. 그때가 곧 예언자 시대요 구약 시대입니다. 그래도 사람들이 알아듣지 못하자, 하느님께서는 마지막으로 '아드님'을 보내시어 우리에게 직접 말씀하셨습니다. 메시아 시대 곧 신약 시대가 시작된 것입니다. 그러니까 지금이 역사상 가장 중요하고 복된 때임을 알라는 말입니다.

만물의 창조주 하느님께서 우리에게 말을 건네신다는 것은 그분과 우리의 관계가 시작되었음을 뜻합니다. 이 관계를 심화시키고 완성하기 위해 오신 분이 곧 예수 그리스도이십니다. 그분은 천사들보다 훨씬 위대하신 하느님의 아드님이신데, 인간을 악마의 종살이에서 풀어 주시려고 고난과 죽음을 겪으셨습니다.

### 2) 모세보다 위대하신 예수님(3,1-5,10)

모세(오른쪽)보다 위대하신 그리스도, 11세기, 성경 세밀화, 국립도서관, 파리.

히브리 서간은 신약성경에서 유일하게 예수님을 "우리 신앙 고백의 사도이며 대사제"(3,1)라고 고백합니다. 구약의 으뜸 인물인 모세는 '하느님의 종'으로서 하느님의 집안을 맡아 인도하였지만, 불순종한 이스라엘은 광야에서 죽었습니다. 그러나 '하느님의 아드님'으로 그분의 집안을 맡으신 예수 "그리스도의 동료"(3,14)가 된 그리스도인은 그분을 믿어 안식처에 들어갈 수 있습니다.

저자는 구약성경을 들어 하느님 말씀의 놀라운 힘을 강조합니다. 여기서 하느님의 말씀을 "쌍날칼"로 비유한 것은 하느님의 심판을 나타내는 묵시문학적 표현입니다(4,12-13). "혼과 영을 가르고"란 표현은, 사람의 외면뿐 아니라 가장 깊은 내면까지 힘을 미친다는 뜻입니다. 우리는 연약하여 그 말씀 앞에 설 수 없는데,

우리의 연약함을 아시는 예수님께서 대사제로서 도와주신다고 격려합니다(4,14).

## 3) 그리스도는 영원한 대사제(5,11-7,28)

저자는 신자들이 믿음과 열성과 인내로 성숙한 경지에 나아가 하느님께서 약속하신 것을 상속받으라고 권고합니다. 우리를 위해 빌어 주시는 대사제 예수님이 계시기 때문에 그럴 수 있다는 것입니다(5,11-6,20). 여기서 예수님의 사제직은 멜키체덱과 비교됩니다. 성경에 신상이 전혀 알려지지 않은 멜키체덱은 아브라함을 축복하여 그의 후손인 레위 지파의 사제들을 능가합니다. 예수님도 유다 지파라는 혈통으로는 사제가 아니지만, "불멸하는 생명의 힘"에 따라 "하느님의 맹세"로 대사제가 되셨습니다(7,1-20).

고대 문헌에 따르면, 구약 시대의 대사제는 속죄의 날에 하느님 앞에 나가기 위해 다섯 번 목욕을 하고, 열 번 손발을 씻으며, 부정해지지 않으려고 7일 동안 백성과 격리되어 있어야 했습니다. 그러나 신약의 대사제인 예수님께서는 "거룩하시고 순수하시고 순결하시고 죄인들과 떨어져 계시며 하늘보다 더 높으신 분"으로 영구한 사제직을 지니십니다(7,26).

## 4) 대사제이신 예수님의 봉사(8,1-10,39)

새 계약의 제사(9,11-28) 역시 옛 계약의 제사처럼 피 흘리는 제사이나, 성령의 힘으로 이루어졌고 그리스도 자신의 피가 봉헌되었다는 점에서 구약의 제사와 본질상 다릅니다.

| 구약 | | 신약 |
|---|---|---|
| 낡고 오래된 계약 | 계약 | 더 나은 새로운 계약 |
| 광야의 성막: 그림자 | 성막 | 실체: 하늘의 성소 |
| 아론의 후예: 율법의 대사제 | 사제 | 예수 그리스도: 새 계약의 대사제 |
| 가축, 비둘기, 고운 밀가루, 기름, 유향, 곡물 등을 계속 바침 | 제물 | 예수 그리스도 자신: 십자가 제헌 |
| 수없이 되풀이해도 사람을 완전하게 하지 못함. 지상적, 잠정적, 불완전함 | 제사 성소와 예식 | 예수님께서 단 한 번 희생하시어 인간의 죄를 없애심. 완전한 구원 |

## 5) 믿음과 시련과 인내(11,1-12,13)

저자는 우리가 예수님의 피 덕분에 구원되었기에 믿음을 굳게 하여 약속된 것을 얻으라고 권유합니다. 그리고 그 믿음이 어떠해야 할지에 대한 본보기를 제시하는 11장은 믿음의 대찬가라 할 수 있습니다. 여기서 "믿음은 우리가 바라는 것들의 보증이며 보이지 않는 실체들의 확증"(11,1)으로 정의됩니다. 이어 저자는 창조 때부터 예언자들까지 이스라엘의 조상들을 거론하며, 이 믿음의 증인들은 하느님께 대한 확고한 믿음으로 온갖 고초를 견디어 냈으나, 하느님께서 약속하신 바를 얻지는 못하였다고 이야기합니다. 하느님 아버지께서 그리스도를 통하여 더욱 좋은 것을 주시려고 계획하셨기 때문이라고 설명합니다.

평화와 의로움의 열매(12,11)를 맺는 덕행의 나무, 12세기, 《개화에 관하여》 세밀화, 강대학교 도서관.

"우리 믿음의 영도자이시며 완성자이신 예수님을 바라봅시다"(12,2).

## 6) 참다운 그리스도인의 생활(12,14-13,25)

그리스도인의 생활은 일종의 예배로 간주됩니다. "감사와 함께 존경과 경외로 하느님 마음에 드는 예배"(12,28)는 근본적으로 평화와 거룩함을 추구하며 형제들에게 적극적인 사랑을 베푸는 생활을 뜻합니다. 저자는 갖가지 이상한 가르침에 끌려가지 말고 하느님의 말씀에 귀 기울이며, 선행과 나눔의 제물을 드리라고 촉구합니다.

# 야고보 서간

## 38주간

제6일: 야고 1,1-5,20
(시편 37,27-31)

# 1. 입문

## 1) 책의 이름

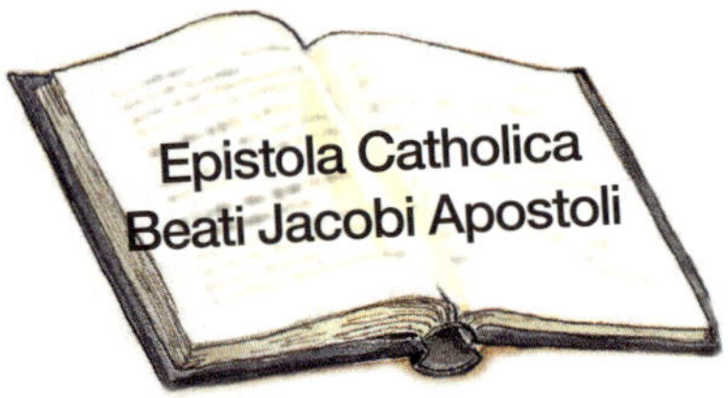


야고보 서간의 그리스어 이름은 첫머리에 나오는 발신자 야고보의 이름을 따서 '야고보'라고 붙였습니다. 라틴어 성경은 '복된 사도 야고보의 공동 서간'이라 붙였습니다.

## 2) 저자

페레 세라, 성 야고보, 14세기, 벽화, 카탈루냐 예술박물관, 바르셀로나.

서간은 첫머리에 "하느님과 주 예수 그리스도의 종 야고보가 … 열두 지파에게 인사합니다"(1,1)라고 하면서 편지를 쓴 이가 야고보라는 사실을 밝힙니다. 하지만 신약성경에 야고보는 네 명이나 등장합니다. 열두 사도 중의 하나인 제베대오의 아들 야고보와 알패오의 아들 야고보(마르 3,17-18), 작은 야고보(마르 15,40), 그리고 "주님의 형제 야고보"(갈라 1,19)입니다.

전통적으로 야고보 서간의 저자를 주님의 형제 야고보로 보았습니다. 그는 예수님의 제자가 아니었으나 예수님의 부활을 체험한 뒤에 믿음을 갖고 예루살렘 교회의 지도자로 활약하다 62년에 순교했습니다. 이 서간의 내용과 문체가 유다교 지혜문학 유형에 속하고, "예수 그리스도의 종"은 교회의 직무를 맡은 이로서 권위를 지니고 있으며, 엄격한 윤리를 요구한다는 점이 그 근거입니다.

오늘날에도 전통 견해를 주장하는 이들이 있지만, 후대 인물이 주님의 동기인 야고보의 이름을 빌어 이 편지를 썼다는 견해가 더 유력합니다. 즉 그리스어에 능통한 어느 유다계 그리스도인이 예루살렘 교회의 최고 지도자였던 주님의 형제 야고보의 이름을 빌렸다는 것입니다. 탁월한 그리스 양식으로 쓰였고 3세기까지 경전으로 인정받지 못했으며, 특별한 그리스도교 가르침이 없다는 것이 그 근거로 제시됩니다.

## 3) 저술 연대와 장소

야고보 서간의 저자를 주님의 형제인 야고보로 보는 학자들은 이 서간이 60년경 예루살렘에서 쓰였다고 봅니다. 그러나 후대에 익명의 필자가 야고보의 이름으로 썼다고 보는 학자들은, 이 서간이 1세기 말경에 알렉산드리아나 시리아의 안티오키아에서 쓰인 것으로 추정합니다.

## 4) 수신인

야고보 서간은 1,1에서 "세상에 흩어져 사는 열두 지파에게" 인사한다고 적습니다. 본디 '열두 지파'란 이스라엘 민족 전체를 가리키고, '흩어져 산다'는 말은 팔레스티나 본토 밖에서 사는 해외 유다인들을 뜻합니다. 그러나 초대교회 신자들은 자신들을 새 이스라엘로 자처했기에, 이 서간은 어느 개인이나 특정한 지역 교회에 보낸 것이 아니라 모든 교회에 보낸 일종의 회람 문서라 할 수 있습니다.

## 5) 특성

야고보 서간은 신약성경에서 서간으로 분류되어 있으나 1,1의 인사말 외에는 편지 양식이 없습니다. 본문 안에 자세한 소식을 전하는 내용이나 마침 인사말도 없습니다. 또한 사도행전에 주로 나오는 보고문이나 바오로 서간에서 자주 다루는 신학적 고찰도 없습니다. 이 서간은 모든 그리스도인에게 믿음을 실천하며 살아가는 진실한 신앙인이 되기를 권유하는 초대교회의 귀중한 교훈서라 할 수 있습니다. 그래서 많은 부분이 윤리와 실천을 가르치는 설교 유형으로 제시됩니다.

### 6) 구조

## 2. 내용

### 1) 시련과 유혹(1,1-18)

이 서간은 시작 인사에 이어서 그리스도인들이 시련을 당할 때 어떻게 대처할 것인가를 다룹니다. 시련이 닥칠 때 믿음을 가지고 견디어 내면 완전하고 온전한 사람이 되어 생명의 화관을 받게 된다고 격려합니다. 여러 형태의 박해를 받았던 초대교회의 신자들에게, 야고보서는 믿음의 시련이 인내를 키우기에 오히려 기뻐해야 한다고 말합니다. "주님을 섬기러 나아갈 때 너 자신을 시련에 대비시켜라"라고 한 집회 2,1과도 연관됩니다. 아울러 유혹은 인간 자신의 욕망에서 나온다고 지적하며 유혹이 죽음을 낳는다고 경고합니다.

## 2) 말씀의 실천(1,19-27)

말씀에는 우리의 영혼을 구원할 힘이 있으므로 말씀을 실천하라고 강조합니다. 먼저 진리의 말씀이 나를 지배하도록 공손히 받아들이는 자세가 중요합니다. 그런 다음 그 말씀에 순종하여 실천에 옮길 때 그 말씀의 은혜와 능력을 체험하며 행복해집니다. 참된 지혜 역시 그 말씀을 자기 삶에 적용시킬 때 생겨납니다.

## 3) 차별의 문제(2,1-13)

교회가 본래 가난한 사람들의 공동체로 출발했다는(2,5) 사실을 분명히 밝히면서, 교회 안에서 가난한 이와 부자를 차별하여 대하는 것은 죄를 짓는 일이라고 강조합니다(2,9). 사람을 외적 조건으로 판단하거나 편견과 선입견을 가지고 보지 말고, 자비를 베풀라고 권고합니다.

## 4) 믿음과 실천의 문제(2,14-26)

다른 민족 출신의 그리스도인들 가운데 신앙만으로 의롭게 된다는 바오로의 가르침을 잘못 이해하여 선행을 소홀히 하는 사람들이 있었습니다. 그들은 그리스도의 가르침을 마치 새로운 철학처럼 간주했습니다. 이를 반박하기 위해 야고보는 이사악을 봉헌한 아브라함의 예를 듭니다. 즉 믿음은 "그의 실천과 함께 작용하였고, 실천으로 그의 믿음이 완전하게" 되었다는 것입니다(2,22). 말씀을 실천할 때도 의롭게 된다는 가르침입니다.

## 5) 혀를 지킴(3,1-12)

야고보는 일상에서 같은 혀로 하느님을 찬미하기도 하고 사람을 저주하기도 하는 모습을 지적하며 혀를 잘 다스리라고 이릅니다. 아주 작은 불이 큰 수풀을 태워버리듯이 혀도 불과 같아서 온몸을 더럽히고 인생 행로를 불태우며 그 자체로 지옥 불로 타오른다고 경고합니다(3,5ㄴ-6).

## 6) 진정한 지혜(3,13-18)

지혜는 부분적 지식을 잘 활용할 수 있는 총체적 관점입니다. 지식을 자랑하며 오만하고 자의식이 강한 사람에게는 지혜가 자라지 못합니다. 세속적 지혜는 시기와 이기심을 마음에 품고 혼란과 온갖 악행을 저지르게 합니다. 그러나 위에서 오는 진정한 지혜는 순수하고 평화롭고 관대하고 유순하며, 자비와 좋은 열매가 가득하고 편견과 위선이 없습니다.

## 7) 불목과 화목(4,1-12)

야고보는 온갖 싸움의 근원이 우리의 욕정에서 비롯되었다고 지적합니다. 또 우리가 청하여도 얻지 못하는 것은 우리의 욕정을 채우는 데 쓰려고 청하기 때문이라고 알려 줍니다. 그리하여 세상의 친구가 되기보다 하느님께 가까이 가라고 호소합니다. 하느님께서는 겸손한 이들에게 은총을 베푸시므로 주님 앞에서 자신을 낮추고 마음을 정결하게 하며, 서로 비방하지 말고 화목하게 지내라고 권고합니다.

파올로의 요한, 화목하라, 15세기, 벽화(부분), 시에나 미술관.

## 8) 재림 때까지 참고 기도하라(4,13-5,20)

야고보는 "자 이제"라고 시작하는 두 단락에서 그리스도인에게는 자만하지 말 것을(4,13-17), 불의한 부자에게는 재난을 경고합니다(5,1-6). 주님의 재림이 가까이 왔기 때문입니다. 그러므로 신자들은 참고 기다리며, 맹세하지 말고 서로 용서하며 기도하라고 권고합니다. 마지막으로 이 서간의 결론처럼 "죄인을 그릇된 길에서 돌이켜 놓는 사람"이야말로 그를 구원하는 참된 사랑을 실천하는 사람이라고 강조합니다.

# 베드로의 첫째 서간·둘째 서간

## 39주간

제1일: 1베드 1,1-2,25
(시편 118,19-29)

제2일: 1베드 3,1-5,14
(시편 119,147-149)

제3일: 2베드 1,1-3,18
(시편 34,10-23)

# 1. 입문

### 책의 이름

베드로의 첫째·둘째 서간의 그리스어 이름은 첫머리에 나오는 발신자 '베드로'의 이름을 따서 명명되었습니다. 라틴어 이름은 '복된 사도 베드로의 서간'입니다. 베드로 1서는 교회에서 돌려 보는 편지로 소개되지만, 머리말(1,1-2)과 맺음말(5,12-14)에 나오는 인사말 외에는 편지에서 다룰 법한 구체적 내용이 담겨 있지 않습니다. 신자들이 일반적으로 겪게 되는 고난을 소재로 이야기를 풀어 나가고 있습니다.

사도 베드로, 15세기, 사본 세밀화, 국립박물관, 피렌체.

# 2. 베드로의 첫째 서간

## 1) 저자 및 저술 연대

교회의 전통에서는 서간에 적힌 대로 베드로가 썼다고 믿어 왔습니다(1,1). 그러나 현대의 성경학자들은 대부분 베드로가 직접 썼다고 생각하지 않습니다. 갈릴래아의 어부였던 베드로는 "무식하고 평범한 사람"(사도 4,13)으로 언급되는데, 베드로 1서에 쓰인 그리스어 문체는 세련되고 빼어나기 때문입니다. 또한 내용도 베드로가 친근했을 복음보다 바오로의 가르침에 가까우며, 수신자인 소아시아의 여러 교회도 주로 1세기 후반에 성장한 곳이어서 베드로와 밀접한 관계를 상정하기가 어렵습니다. 여러 정황으로 볼 때, 저자는 사도 바오로 계열의 전승뿐 아니라 팔레스티나 교회의 전승도 잘 알고 있는 로마교회의 신자로, 소아시아에서 주변 세계로부터 신앙을 위협받던 다른 민족 출신의 그리스도인들을 격려하고 용기와 희망을 주기 위해 이 서간을 썼을 것으로 봅니다.

만약 베드로가 썼다면 순교하기 전인 60년대 초반에 썼을 것입니다. 그러나 끝인사에 나오는 "여러분과 함께 선택된 바빌론 교회"(5,13)와 같은 표현이 로마교회를 가리키는 별칭으로 통용된 것은 70년 이후에나 가능했습니다. 그리고 90년 이후에는 로마 당국의 박해가 실시되고 지연된 주님의 재림으로 인한 신앙상의 문제가 야기되었는데, 이 편지에 전혀 언급되어 있지 않아 그 전에 쓰였을 것으로 봅니다. 이로 미루어 베드로 1서의 집필 연대는 70-90년의 어느 시기로 추정됩니다.

## 2) 구조

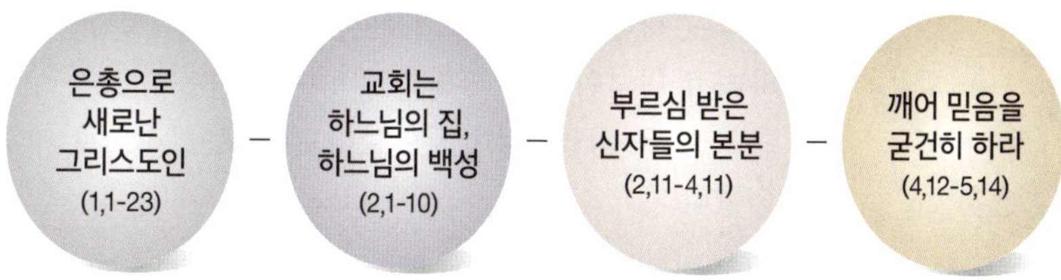


## 3) 내용

### (1) 은총으로 새로난 그리스도인(1,1-23)

하느님에게서 미리 선택받아 그분의 자비로 새로 태어난 그리스도인들은(1,2-3), 예언자와 천사들이 갈망하던 특별한 하느님의 은총을 입은 이들입니다(1,10-12). 그리하여 예전처럼 욕망에 사로잡혀 살지 말고, 두려운 마음으로 서로 한결같이 사랑하라고 가르칩니다(1,22). 그분께서 예수 그리스도의 부활로 상속과 구원의 생생한 희망을 주셨기에, 시련 속에서도 기뻐하며 언제나 거룩한 생활을 해 나가기를 촉구합니다. 모든 영광은 풀꽃과 같으나 하느님의 말씀은 영원하시기 때문입니다.

### (2) 교회는 하느님의 집, 하느님의 백성(2,1-10)

갓난아이처럼 새로 난 그리스도인들은 영적 집을 짓는 데 쓰이는 살아 있는 돌이요, 영적 제물을 바치는 거룩한 사제단이 되라고 권고합니다. 하느님의 자비를 입어 '어둠에서 놀라운 빛 속으로' 이끌려(2,9) 하느님의 백성이 된 공동체가 바로 교회이기 때문입니다.

노아의 방주를 기억하라(3,20),
14세기, 세밀화, 시립도서관, 파도바.

### (3) 부르심 받은 신자들의 본분(2,11-4,11)

그러므로 이방인과 나그네로 사는 그리스도인은 "이교인들 가운데에 살면서 바르게 처신"하고(2,11-12), 임금과 총독에게 복종하라고 권유합니다(2,13-17; 참조: 로마 13,1-7). 이어 하인도 복종할 것을 충고하면서, 신앙인들도 하느님을 생각하는 양심 때문에 불의한 고난을 견디어 내라고 말합니다. 부부도 배우자를 "생명의 은총을 함께 상속받을 사람"(3,7)으로 알고 존중하라고 당부합니다. 우리를 위하여 고난을 겪으신 그리스도를 본받아 하느님의 뜻을 따라 살며, 무엇보다도 서로 진정으로 사랑하고 봉사하라고 권유합니다.

**"다만 여러분의 마음속에 그리스도를 주님으로 거룩히 모시십시오"(3,15).**

### (4) 깨어 믿음을 굳건히 하라(4,12-5,14)

그리스도인이 시련을 겪을 때에는, 그리스도의 고난에 동참하는 것이니 기뻐하라고 권유합니다. 그것이 곧 그리스도의 영원한 영광에 참여하는 것이기 때문입니다. 심판은 하느님의 집에서부터 시작될 터이니(4,17), 원로와 젊은이 모두 스스로를 낮추고 정신을 차리고 깨어 있으며, 믿음을 굳건히 하여 악마에게 대항할 것을 촉구합니다. 그들을 돌보는 하느님의 권능은 영원하기 때문입니다(5,7-11).

# 3. 베드로의 둘째 서간

## 1) 저자 및 저술 연대

이 서간 역시 베드로가 보낸 "두 번째 편지"(3,1)임을 분명히 밝히고 있지만, 교회에서는 일찍부터 여러 갈래의 베드로 전승에 기초한 차명 작품으로 여겼습니다. 사실 2서의 일부 내용은 사도 시대 이후에 집필된 유다서를 상당 부분 그대로 옮긴 것입니다(2베드 2,4.6=유다 6-7; 2베드 2,10-11=유다 8-9; 2베드 2,15=유다 11-12; 2베드 3,1-4=유다 17-18 등). 뿐만 아니라 "하느님의 본성"(1,4) 같은 철학 용어, "여러분의 사도들"(3,2)과 같은 표현, 바오로 서간 모음집에 대한 암시(3,15) 등은 이 작품이 사도 시대 이후에 쓰였음을 시사합니다. 유다서의 저술 연대를 90년대로 추정할 때, 베드로 2서는 대략 100-125년에 쓰였을 것으로 봅니다. 베드로 2서는 특정 교회가 아니라 모든 교회를 대상으로 한 '공동 서간'에 해당합니다.

## 2) 내용

### (1) 그리스도인의 소명에 충실하라(1,1-11)

그리스도인은 그리스도를 통하여 하느님을 알게 되고 그분의 약속 덕분에 "귀한 믿음을"(1,1) 가졌습니다. 그래서 베드로는 그들이 받은 소명과 선택이 굳건해지도록 노력하여 예수 그리스도의 영원한 나라에 들어갈 자격을 갖추라고 권고합니다.

### (2) 예언자들의 말씀에 유의하라(1,12-21)

여기서 베드로는 유언 형식으로, 예수님의 거룩한 변모를 직접 목격했던 자로서 그분의 영광을 증언한다고 고백합니다. 따라서 사도들이 주님의 권능과 재림에 대해 알려 준 것은 꾸며 낸 것이 아니라 진실이라고 강조합니다(1,16). 같은 맥락에서 예수님의 재림에 관한 예언자들의 말씀도 하느님에게서 받아 전한 것으로 드러났다고 가르칩니다. 그리하여 "성경의 어떠한 예언도 임의로 해석해서는 안 된다"고 충고합니다(1,20).

### (3) 거짓 교사들에게 속지 마라(2,1-22)

베드로가 이렇게 힘주어 강조하는 까닭은 거짓 교사들이 나타나 지어낸 말로 신자들을 속일 것이기 때문입니다. 그러나 하느님의 의로운 심판에 따라 불경한 자들은 처벌받고 의인들은 구원되리라고 예고하며, 구약에서 세 가지 예화를 듭니다. 이 대목은 유다서와 매우 비슷합니다.

로렌조 로토, 새 하늘과 새 땅을 기다려라(2,13), 벽화(부분), 성모 마리아 대성당, 베르가모.

### (4) 재림에 대한 희망과 축복(3,1-18)

이단자들은 주님의 재림이 지연된다고 조롱하지만, 베드로는 하느님께서 모두 회개하기를 바라셔서 재림과 심판의 기회를 미루고 계실 뿐이라고 지적합니다. 주님의 날은 도둑처럼 분명히 올 것이므로, 신자들은 예언 말씀과 사도들의 가르침을 기억하며 거룩한 생활을 하면서 기다리라고 권유합니다. 특히 바오로 서간의 예를 들어 성경 구절을 곡해하지 말라고 주의를 주며, "예수 그리스도에게서 받은 은총과 그분에 대한 앎을 더욱 키워 나아가기"를 강력히 권고하는 말로 서간을 끝맺습니다(3,18).

"우리 주님께서 참고 기다리시는 것을 구원의 기회로 생각하십시오"(2베드 3,15).

# 요한의 첫째 서간·둘째 서간·셋째 서간 / 유다 서간

## 39주간

제4일: 1요한 1,1-2,29
(시편 119,165-168)

제5일: 1요한 3,1-5,21
(시편 117,1-2)

제6일: 요한 2·3서, 유다서
(시편 73,1-14)

# 1. 입문

## 1) 책의 이름

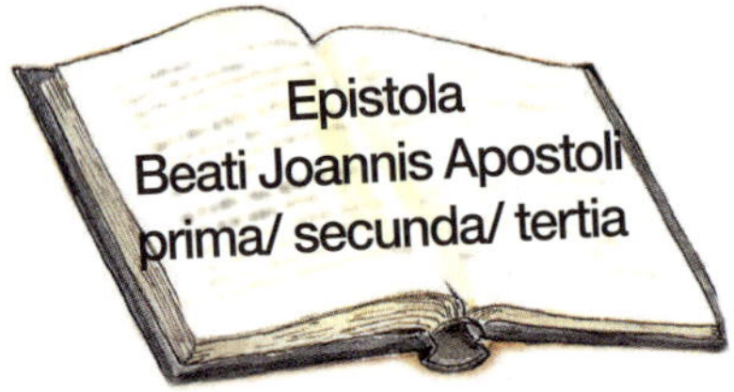


요한의 서간은 발신인이 요한이라는 전승에 따라 이름이 정해졌습니다. 이 요한을 사도 요한으로 보는 라틴어 성경은 '복된 사도 요한의 서간'이라 이름지었습니다.

이 세 통의 편지는 요한 복음서와 요한 묵시록과 함께 '요한계 문헌'으로 통칭됩니다. 낱말이나 문체 및 사상에서 서로 비슷한 부분이 많기 때문입니다. 하느님을 알고 그분과 친교를 나누며 영원한 생명에 참여하는 일에 중점을 둡니다.

## 2) 저자

교회에서는 전통적으로 요한 1·2·3서와 요한 복음서의 저자를 사도 요한으로 인정해 왔습니다. 초대 교부들의 증언이 일치할 뿐 아니라, 요한 복음서와 요한 1·2·3서가 다룬 주제와 용어에서 공통된 부분이 많기 때문입니다. 그러나 둘 사이에 종말에 관한 내용이나 문학 배경이 달라서, 요즈음 학계에서는 사도 요한이 아니라 후대에 서로 다른 저자가 저술했다고 보는 견해가 우세합니다. 다시 말해 요한 복음서와 요한 1·2·3서 모두 주님께서 사랑하신 제자의 전승을 이어받은 공동체에서 나왔는데, 쓴 사람이 다르다는 주장입니다.

성 요한, 11세기, 그리스어 복음서 세밀화, 존 라인랜드 도서관, 맨체스터.

## 3) 저술 연대

요한 1·2·3서에서 경고하는 “속이는 자들”과 “거짓 예언자들”은 주님의 강생을 부정하는 이단입니다(1요한 2,26; 2요한 7). 교회에서는 이들을 100-120년경에 활동했던 케린투스 등의 영지주의자로 봅니다. 교부 이레네오는 〈반이단론〉에서 주님의 제자 요한이 에페소의 공중 목욕탕에서 케린투스를 만나자 접촉하지 않으려고 달아났다는 이야기를 전해 줍니다. 안티오키아의 주교 이냐시오도 110년경에 영지주의자들을 조심하라는 내용의 편지를 보냈다는 기록이 남아 있습니다. 이와 같은 역사적 사실을 고려할 때, 요한 1·2·3서는 요한 복음서(90-95년경)보다 약간 늦은 100년경에 에페소 또는 시리아에서 쓰였을 것으로 추정합니다.

## 4) 구조

# 2. 요한의 첫째 서간

## 1) 머리말(1,1-4)

생명의 말씀이 처음부터 계셨다고 기록하는 점에서 요한 복음서의 머리말(1,1-18)과 일치합니다. 그 말씀을 직접 눈으로 보고 손으로 만졌다고 증언함으로써 예수님의 인성을 부인하는 영지주의를 반박합니다. 그리고 아버지와 아드님, 공동체가 모두 친교를 나누어 기쁨을 충만케 하려고 이 글을 쓴다고 밝힙니다.

## 2) 하느님은 빛이시다(1,5-2,27)

신앙인들이 하느님과 나누는 친교를 '빛'이라는 차원에서 풀이합니다. 빛 속에서 살아가는 것은 곧 하느님의 계명과 말씀을 지키는 것이고, 그리스도께서 살아가신 것처럼 살아가는 것입니다. 형제를 사랑하되 세상과 그 안에 있는 것을 사랑하지 않는 것입니다. 그렇게 사랑할 때 하느님과 친교를 나누며 예수님의 피로 죄를 용서받고 아드님과 아버지 안에 머무르게 될 것이니, 그것이 곧 영원한 생명이라고 가르칩니다.

사도들에게 내린 성령, 12세기, 성 베드로의 교창집 세밀화.

## 3) 하느님 자녀의 삶(2,28-4,6)

하느님의 크신 사랑으로 하느님의 자녀가 되었으니, 죄를 저지르지 말고 의로움을 실천하며 행동으로 사랑하라고 강조합니다. 그런 사람은 하느님 안에 머무르고 그분께서도 그 사람 안에 머무르시는데, 이는 하느님께서 우리에게 주신 성령으로 알 수 있습니다. 그러나 아무 영이나 다 믿어서는 안 되고 시험해 보라고 충고합니다. 영에 힘입어 예언을 하더라도 예수님께서 사람의 몸으로 오셨다고 고백하지 않는 이들은 "'그리스도의 적'의 영"(4,3)을 받은 사람들이므로 경계할 것을 촉구합니다.

### 4) 하느님은 사랑이시다(4,7-5,12)

하느님께서 당신 외아드님을 보내 주실 만큼 우리를 먼저 사랑하셨기에, 우리는 사랑을 알게 되고 또 믿게 되었습니다. 그리하여 두려움 없이 하느님을 사랑하고 눈에 보이는 형제를 사랑할 수 있게 되었습니다. 누가 하느님을 사랑하고 형제를 미워한다면 그는 거짓말쟁이라고 단언합니다. 또 하느님을 사랑하는 이는 하느님과 성령께서 증언하신 대로 예수님께서 영원한 생명을 갖고 강생하신 하느님의 아드님이심을 믿는 사람이라고 밝힙니다. 그 믿음을 갖고 그분의 계명을 지킬 때 세상을 이길 수 있다고 알려 줍니다.

### 5) 맺음말(5,13-21)

저자는 그리스도인들이 하느님께 속한 사람이고 참하느님이시며 영원한 생명이신 예수님 안에 있는 이들로서, 하느님의 보호를 받고 있다고 거듭 격려합니다. 따라서 죄지은 형제를 위해 기도하며 우상을 조심하라고 경고하면서 글을 끝맺습니다.

## 3. 요한의 둘째 서간과 셋째 서간

요한 2서는 요한 1서를 줄인 것이라고 할 만큼 같은 내용을 담고 있습니다. 저자는 편지 첫머리에서 자신을 '원로'라고 밝힙니다. 이 칭호는 흔히 지역 교회의 지도자를 일컫는데, 그의 정체는 불분명하지만 수신인들에게 저자가 권위를 가진 중요한 인물이라고 시사합니다. 또 수신인으로 표현된 '선택받은 부인과 그 자녀들'은 특정 개인이 아니라 어떤 지방의 교회 공동체나 그곳 신자들을 가리키는 말입니다.

요한 2서의 내용은 두 가지로 요약됩니다. 첫째, 처음부터 들은 주님의 계명에 따라 서로 사랑하는 삶에 충실할 것

(5-6절; 참조: 1요한 2,7-11)과 둘째, "예수 그리스도께서 사람의 몸으로 오셨다"는 것을 부인하는 '그리스도의 적'들을 경계하라는 것(7절; 참조: 1요한 4,2)입니다. 따라서 손님을 환대하는 그리스도인의 사랑을 거스르게 되더라도 주님의 강생을 부인하는 거짓 선교사들을 집안에 받아들이지 말라고 강력하게 이릅니다. 이 서간을 보내는 뜻이 거짓 예언자들의 위협에서 공동체의 참된 믿음을 지키려는 것임을 분명하게 알수 있습니다.

요한 3서는 요한 2서와 첫머리와 맺음말이 같아, 동일한 저자의 작품으로 봅니다. 이 짧은 편지는 원로인 저자가 진리에 충실한 가이오스에게 데메트리오스라는 선교사를 보내며 쓴 소개장으로, 순회 선교사들을 도와 진리의 협력자가 되어 달라고 부탁하는 내용입니다. 그런데 아마도 그 교회에서 가이오스와 같은 지도자급으로 있는 디오트레페스가 우두머리로 행세하며 원로의 권위를 인정하지 않고 헐뜯으며 순회 선교사들을 받아들이지 않았던 듯합니다. 그것에 대해 강하게 질책하는 데서 권위의 충돌을 엿볼 수 있습니다.

## 4. 유다 서간

### 1) 책의 이름

발신자인 '유다'의 이름을 따서 유다 서간으로 불렀습니다. 라틴어 성경은 그를 사도로 보아 '복된 사도 유다의 공동 서간'이라는 이름을 붙였습니다.

유다 서간은 야고보서와 마찬가지로 특정 교회가 아니라 모든 교회에 보내는 공동 서간으로, 전체가 25절밖에 안 되는 짧은 편지입니다.

## 2) 저자 및 저술 연대

유다 서간은 첫머리에 주님의 형제 "야고보의 동생인 유다"(1절)가 쓴 것으로 밝힙니다. 열두 사도 중의 하나인 "야고보의 아들 유다"(루카 6,16)가 쓴 것이 아닙니다. 그러나 학계에서는 유다의 이름을 빌려서 후대의 그리스도인이 쓴 차명 작품으로 간주합니다. 시골 출신인 주님의 형제들이 빼어난 그리스어로 된 이런 회람 서간을 쓸 수 없고, "우리 주 예수 그리스도의 사도들이 예고한 말"(17절)이라는 표현을 사용할 수도 없었을 것으로 여기기 때문입니다. 이 서간은 "불경한 자들"(4절)이 교회 공동체에 들어와 예수 그리스도를 부인하기 때문에 그들의 가르침을 물리치기 위하여 쓰였습니다. 이 거짓 교사들이 1세기 말에 나온 다른 서간에 나오는 이단자들과 비슷하고, 대략 100년 이후에 쓰인 베드로 2서가 유다서를 인용한 것으로 보아 90년대에 쓰였을 것으로 추정합니다.

## 3) 내용

유다 서간은 첫머리에 "성도들에게 단 한 번 전해진 믿음을 위하여 싸우도록" 권고합니다(3절). 신자들이 대적해야 할 이들은 교회 내부에 몰래 숨어들어 온 "불경한 자들"입니다. 그들은 "방탕한 생활"(4절)을 하며 몸을 더럽히고 돈벌이에 주력하며 "자신만 돌보는"(12절) 그리스도인들입니다. 유다는 교회의 가르침을 악용하는 그들에게 내릴 하느님의 심판을 구약성경에서 다양한 예를 들어 소개합니다. 특히 유다의 묵시문학서인 위경 〈에녹서〉를 인용한 것이 독특합니다(14-15절).

지옥의 입구, 15세기, 기도서 세밀화.

유다 서간 저자는 "우리 주 예수 그리스도의 사도들이" 이미 이러한 분열을 예고하였음을 상기시킵니다. 교회 안에서도 일반 사회처럼 불평과 불만을 일삼으며 잇속을 챙기고 자기 욕망에 따라 살아가는 그리스도인들은 있기 마련입니다. 그래서 저자는 신자들이 흔들리지 말고 성령 안에서 기도하며 "지극히 거룩한 믿음을 바탕으로 성장해 나아가"라고 권유합니다(20절). 그리고 믿음이 흔들리는 사람들에게 자비를 베풀라고 당부합니다. 이어 하느님께 장엄한 찬송을 드리며 서간을 끝맺습니다.

# 요한 묵시록

## 40주간

제1일: 묵시 1,1-3,22
(시편 62,13)

제2일: 묵시 4,1-9,21
(시편 2,1-12)

제3일: 묵시 10,1-13,18
(시편 135,13-21)

제4일: 묵시 14,1-16,21
(시편 69,25-29)

제5일: 묵시 17,1-19,21
(시편 135,5-10)

제6일: 묵시 20,1-22,21
(시편 100,1-5)

# 1. 입문

## 1) 책의 이름

'요한의 묵시록'(그리스어), '복된 사도 요한의 묵시록'(라틴어)이란 이름이 붙은 이 성경은 성경 전체의 제일 끝에 놓여 있습니다. 요한 복음서와 요한 1·2·3서와 함께 요한계 문헌으로 통칭됩니다. 묵시默示는 숨겨진 것을 열어 보여 준다는 뜻인데, 요한 묵시록은 수많은 환시와 상징과 기호로 세상 끝날에 드러날 하느님의 놀라운 영광을 일러 주는 신약성경의 유일한 묵시문학 작품입니다.

## 2) 저자 및 저술 연대

계시 내용을 구술하는 성 요한, 묵시록의 수도원 벽화, 파트모스 섬 (사진: 김병학).

요한 묵시록의 저자를 사도 요한으로 보는 교회의 전통은 2세기부터 시작되었습니다. 그러나 성경 본문에서 저자가 자신의 이름으로 소개하는 요한(1,1.4.9)은 매우 흔한 이름이고, 그는 자신을 사도가 아닌 '예언자'로 암시합니다(10,11; 22,9). 그래서 초대교회에서도 이 책이 사도 전통에서 유래되었는지를 놓고 논란이 있었습니다.

요즈음 학계의 의견도 여러 갈래로 나뉩니다. 요한 복음서의 저자가 이 묵시록도 썼다는 주장도 여전하지만, 워낙 다른 문체와 신학 사상으로 보아 요한계 전승 내의 서로 다른 저자의 작품이라는 주장도 강합니다.

저술 연대도 크게 두 의견으로 갈립니다. 박해받는 교회 성원들을 격려하고 위로하기 위해서 저술된 것은 분명한데, 저술 연대를 네로 황제의 박해 시기에서 예루살렘 성전 파괴 때까지로 보면 65-70년이고, 도미티아누스 황제의 박해 시기라면 91-96년에 해당합니다. 도미티아누스 황제(81-96년 재위)의 박해가 네로 황제 때보다 훨씬 더 광범위하게 로마제국 전 영토에서 조직적으로 장기간 계속되었고 교부들의 증언이 이를 뒷받침하므로, 묵시록의 저술 연대를 91-96년으로 추정하는 견해가 많습니다.

### 3) 구조

전체 머리말과 편지의 인사 (1,1-8) – 주님의 현현과 일곱 교회에 보내는 편지 (1,9-3,22) – 봉인된 일곱 두루마리와 일곱 나팔 (4,1-11,19) – 마지막 심판의 예고와 어린양의 승리 (12,1-22,5) – 그리스도의 재림과 맺음말 (22,6-21)

## 2. 묵시록에 나오는 상징의 의미

| | | | |
|---|---|---|---|
| ⅓ | 일시적, 부분적, 한정적 부분(8,7) | 24 | 12+12=24, 하느님 백성 상징(4,10) |
| ½ | 큰일을 준비, 대비하는 시간(8,1) | 42(달) | 1,260일, 3년 반=완전수 7의 반으로 불완전(13,5) |
| 3 | 충만함, 신의 완전성(4,8의 영광송) | 666 | 불완전 수인 6을 세 번 거듭한 가장 나쁜 수(13,18) |
| 3½ | 완전 수 7의 반으로 환난 시기, | | 로마자: 네로 N(50)E(6)R(500)O(60)N(50)=666 |
| | 일시적 상태(11,9) | 1,000 | 많음을 뜻함, 충분한 기간(20,2-7) |
| 4 | 온 세상, 모든 창조물(7,1) | 144,000 | 12×12×1,000 구원받은 하느님 백성의 수(7,4; 14,1) |
| 6 | 완전 수 7-1, 12÷2로 불완전 수(6,12 등) | 흰색 | 승리, 순결, 영광(1,14; 14,14; 19,11) |
| 7 | 온전함, 완성, 충만함(1,11 등) | 붉은색 | 전쟁, 폭력, 피흘림(6,4; 12,3) |
| 10 | 완성, 충만(12,3; 13,1; 17,12 등) | 진홍색 | 방탕과 사치, 풍요(17,4) |
| 12 | 완성, 완전, 하느님 백성과 연관(21,12-14) | 검은색 | 죽음, 재앙, 질병(6,5) |
| | | 푸르스름한 색 | 〃 (6,8) |

## 3. 예언문학과 묵시문학의 차이

이스라엘에서 묵시문학은 바빌론 유배 이후에 싹터 이스라엘의 정체성이 위협받던 기원전 2세기부터 기원후 1세기 사이에 성행하였습니다. 묵시문학은 주로 예언 전통에서 유래하였다고 보나, 지혜 전통과 외국 문화의 영향도 적지 않다고 봅니다. 그래서 예언문학과 묵시문학은 모두 하느님의 메시지를 전하나, 각각 특성이 달라 몇 가지 면에서 대조를 이룹니다.

| 구분 | 예언문학 | 묵시문학 |
|---|---|---|
| 저자 | · 자신을 분명히 밝힘 | · 차명 작품(박해 시기)<br>· 과거 위인의 이름 안에 자신을 감춤 |
| 주요 내용 | · 이스라엘 민족을 향한 신탁<br>· 현 상태를 경고하며 정의 실천 강조 | · 온 세상 사람과 우주를 향해서 임박한 심판, 선인의 구원, 하느님의 승리를 예고함 |
| 메시지 전달 | · 예언자가 신탁을 말씀으로 선포<br>· 후에 그 말씀을 기록함 | · 묵시자가 보고 들은 메시지를 상징과 표상을 통해서 처음부터 글로 전함 |
| 특징 | · 다가올 특별한 사건을 예고함<br>· 백성의 지도자에게 초점을 맞춰 계약 정신을 상기시킴<br>· 예언자의 정치적 영향력이 큼 | · 미래의 신비를 열어 밝힘<br>· 예수 그리스도께 초점을 맞춤<br>· 구약성경과 옛 전승을 주님의 죽음, 부활, 재림과 연결시킴 |

## 4. 내용

### 1) 전체 머리말(1,1-3)과 편지의 인사(1,4-8)

요한은 첫머리에서 묵시록이 하느님께서 예수 그리스도를 통해 계시해 주신 내용이라고 분명히 밝힙니다(1,1). 그리스도인들이 박해받는 가운데서도 하느님의 말씀을 듣고 지키도록 격려하기 위해서입니다. 이어 진행되는 묵시록의 본문은 아시아의 일곱 교회에 보내는 편지 형태로 소개됩니다. 여느 편지처럼 수신인들에게 인사하며, 주 하느님께서 알파요 오메가임을 상기시키는 것은(1,8), 묵시록의 초점이 바로 시작이요 마침이신 분, 부활하신 예수 그리스도에게 집중되고 있음을 예시합니다.

## 2) 주님의 현현과 일곱 교회에 보내는 편지(1,9-3,22)

구약의 예언자들과 같이 요한은 파트모스 섬에서 환시 중에 소명을 받습니다(이사 6장; 에제 1장 참조). 요한을 부르신 사람의 아들 같은 분, 곧 놀라운 모습으로 나타나신 그리스도께서는 그에게 "네가 보는 것을 책에 기록하여 일곱 교회"(1,11.19)에 보내라고 이르십니다. 소아시아 서편에 서로 인접해 있는 이 일곱 교회는 해당 교회들뿐 아니라 서로 다른 문제를 지니고 있는 모든 교회를 가리킵니다. 요한은 그들에게 회개하고 인내하며 죽을 때까지 참된 가르침을 지키라는 메시지를 전합니다.

## 3) 봉인된 일곱 두루마리와 일곱 나팔(4,1-11,19)

하느님의 어린양, 14세기, 《성 요한 묵시록 주해》 세밀화, 라우렌시오 도서관, 피렌체.

요한은 이제 '하늘에 열려 있는 문'으로 들어가 성령에 사로잡혀 하느님의 영원한 신비를 보게 됩니다. 하늘에 올라가서 맨 먼저 본 어좌 옆에 있는 신비로운 네 생물(4,6-7; 참조: 에제 1,10; 10,14)은 하느님의 구원 활동을 찬양하는 피조계를 나타냅니다. 그들의 온 몸에 가득 박힌 눈들은 세상에 두루 퍼져 있는 하느님의 영을 뜻하며, 그분께서 모든 것을 꿰뚫어 알고 계심을 표상합니다(4,8).

어좌에 앉아 계신 하느님께서는 오른손에 일곱 번 봉인하여 놓은 두루마리 하나를 들고 계십니다. 고대 문서에는 공개된 부분과 비밀이 적힌 봉인된 부분이 있었습니다. 일곱 번 봉인한 두루마리는 종말 사건을 기록한 운명의 책입니다. 봉인을 뜯으면 그 사건이 발생하는데, 유일하게 그 봉인을 뜯을 수 있는 하느님의 어린양은 죽음을 이기고 부활하신 예수님입니다.

봉인이 개봉되면서 공포가 가중되는데, 하느님께 선택되어 큰 환난을 겪어낸 이들("이스라엘의 열두 지파" 12×충만 수 12×완전 수 1,000)은 구원을 받는다는 희망의 메시지를 전합니다. 그리하여 시련에 처한 교회에 힘과 용기를 줍니다. 여기서 '하느님의 때'를 알리는 봉인과 나팔과 대접은 각각 충만한 숫자인 일곱 개로 구성되어 그 강도가 점점 고조됨을 드러냅니다.

## 4) 마지막 심판 예고와 어린양의 승리(12,1-22,5)

사탄을 결박하다, 11세기 밤베르크 묵시록 세밀화, 주립도서관, 밤베르크.

마지막 일곱째 나팔이 울리는 가운데 새로운 환시들이 소개됩니다. 첫 표징으로 태양을 입고 별이 열두 개 달린 관을 쓰고 진통하는 여인은 새로운 하느님 백성을 낳는 시온(예루살렘)으로 볼 수 있습니다(이사 50,1; 54, 5-8 참조. 교부들은 성모님으로 풀이하였다). 그리고 붉은 용은 혼돈을 상징하는 신화적 동물로, 하느님께 대적하는 그 옛날 창조 때의 뱀(창세 3,1), 사탄·악마와 동일시되는 세상의 모든 악을 표상합니다(12,9).

용과 그 용이 부리는 두 짐승(로마의 권력)은 놀라운 표징으로 세상을 속이며 자신들을 섬기라고 강요합니다. 이러한 짐승에 맞서 어린양만 따라가는 그리스도인은 박해받고 유배 가며 시련을 겪습니다. 그러나 사람의 아들과 같은 분이 내리시는 큰 진노 끝에 대바빌론(로마제국)은 무너질 것이라고 선포됩니다(13-18장).

하느님의 심판이 끝난 뒤에 어린양의 혼인 잔치가 예고됩니다. 이는 마지막 때에 믿음을 지킨 하느님의 백성과 그리스도의 일치를 뜻합니다(19,7; 참조: 22,3-5). 이어 어린양께서 승리를 상징하는 흰말을 타고 나타나 마지막 전투를 치르시고(19,19-21) 사탄을 묶어 봉인하십니다. 천 년 통치 끝에 그분은 마지막 심판으로 악마와 그를 따르던 세력을 불못에 던지십니다(20장). 이로써 열리는 '새 하늘과 새 땅과 새 예루살렘'(21,1-2)은 이 세상을 쇄신하는 것이 아니라 온전히 새로운 창조입니다. 이 새로움이 하느님과 그분 백성의 결혼으로 표현되면서, 하느님께서 그들 가운데 현존하시는 에덴 동산(창세 2,9; 에제 47,12)이 회복됩니다.

## 5) 그리스도의 재림과 맺음말(22,6-21)

천사는 마지막으로 그때가 다가왔기 때문에 예언 말씀을 봉인하지 말라고 이릅니다. 이어 예수님께서 곧 가겠다고 말씀하시며, 성령과 교회가 그분의 오심을 간구하면서 요한 묵시록은 끝납니다.

**"아멘. 오십시오, 주 예수님! 주 예수님의 은총이 모든 사람과 함께하기를 빕니다"(22,20-21).**

＊ 저작권 출처

사진: 김병학 71, 97, 151; 성서와함께 16; 콜로니, 보드머 도서관 15; Leonard von Matt, Buochs.12.

그림: 강, 강대학교 도서관 130; 까르페트라 도서관 74; 다름슈타트, 헤센 주립도서관 66(사진: AKG); 라이프치히, 라이프치히대학교 도서관 44; 런던, 램버스궁 104; 런던, 삼 포그 미술관 87; 로사노, 주교좌 도서관 42(위); 마드리드, 개인 소장 103; 마드리드, 성 로렌조 수도원 도서관 89, 91; 맨체스터, 존 라인랜드 도서관 144; 모나코, 고대 미술관 115; 모데나, 에스텐스 미술관 53; 모스크바, 국립 푸시킨 미술관 39; 모스크바, 루블료프 박물관 78; 모스크바, 트레차코프 미술관 98; 몬레알레 대성당 84; 뮌헨, 바이에른 주립도서관 25, 41(아래), 48, 80; 밀라노 대성당 85; 바르셀로나, 카탈루냐 예술 박물관 64, 132; 바티칸 도서관 34, 95; 밤베르크, 주립도서관 155; 베르가모, 성모 마리아 대성당 142; 베를린, 국립 프로이센 문화도서관 113; 볼로냐, 국립미술관 120; 볼티모어, 월터스 예술 박물관 35; 볼펜뷔텔, 아우구스트 공작 도서관 28(사진: AKG); 비치, 대주교 도서관 93; 상트 페테르부르크, 러시아 국립도서관 22; 슈트트가르트, 뷔르템베르크 주립도서관 32, 58; 시나이, 성 가타리나 수도원 37; 시에나, 두오모 오페라 미술관 40, 136; 아시시, 성 프란치스코 대성당 박물관 49(위), 57(사진: AKG); 아테네, 그리스 국립도서관 39; 아토스산, 디오니시오스 수도원 106; 알자스, 바스라인 주립도서관 67; 에어랑엔, 에어랑엔 대학교 도서관 55; 마드리드, 엘 에스코레알 왕립수도원 도서관 41(위); 카를스루에, 바덴 주립도서관 26, 42(아래); 코린토 박물관 73; 코펜하겐, 왕립도서관 83, 118; 쾰른, 대주교좌 도서관 10; 크레모나, 대성당 박물관 79; 키에프, 러시아 예술박물관 50; 테살로니키, 성 소피아 성당 110; 톨레도 박물관 124; 투르, 시립도서관 127; 파도바, 시립도서관 140; 파도바, 시립박물관 54; 파리, 프랑스 국립도서관 30, 35, 68, 101, 128; 파리, 루브르 박물관 49(아래); 피렌체, 국립박물관 138; 피렌체, 라우렌시오 도서관 154; 힐데스하임, 주교좌 도서관 47; H., Tenschert, Leuchendes Mittelaiter, v, 1993, 149.

* AKG: Archiv für Kunst und Geschichte, Berlin


성서사십주간

**성경 읽기 안내 신약**

서울대교구 인가 2007년 7월 18일
초판 1쇄 펴낸날 2007년 8월 10일
23쇄 펴낸날 2025년 8월 19일

편저자 영원한도움 성서연구소
펴낸이 나현오
펴낸곳 성서와함께



주소 06910 서울시 동작구 흑석로13길 7
전화 Tel: (02) 822-0125~7
팩스 Fax: (02) 822-0128
인터넷서점 http://www.withbible.com
전자우편 e-mail: order@withbible.com



등록번호 14-44(1987년 11월 25일)





ISBN 978-89-7635-267-5 94230
978-89-7635-914-8 (세트)

**Drug Muggers**

How To Keep Your Medicine From Stealing the Life Out of You